푸른 쉼표의 노래

푸른 쉼표의 노래

초판 1쇄 발행 2025년 12월 17일

지은이 최명숙
펴낸이 장길수
펴낸곳 지식과감성"
출판등록 제2012-000081호

교정 주경민
디자인 강샛별
편집 강샛별
검수 정은솔, 정윤솔
마케팅 김윤길

주소 서울시 금천구 벚꽃로298 대륭포스트타워6차 1212호
전화 070-4651-3730~4
팩스 070-4325-7006
이메일 ksbookup@naver.com
홈페이지 www.knsbookup.com

ISBN 979-11-392-2933-2(03810)
값 16,800원

지식과감성"
홈페이지 바로가기

푸른 쉼표의 노래

최명숙 에세이

지식과감성#

차례

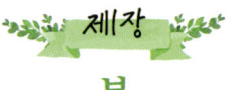

봄

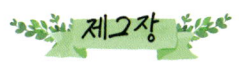

겨울

지은이의 말

　저는 꽃과 나무를 좋아합니다. 우리 집 베란다에는 화분이 많습니다. 그 화분의 식물들은 평범하고 소박하지만, 제가 물을 주고 해충을 잡아 주며 키우고 있기에 저한테는 매우 소중한 친구들입니다. 시적 영감과 사색의 원천이기도 합니다.

　화초들은 작고 아름다운 비유이고 상징입니다. 저는 화초를 키우며 느끼고 생각한 것들을 독자들과 나누고 싶습니다. 독자들과 함께 삶에 대해 생각해 보고 싶습니다.

　독자들이 제 글과 우리 집 베란다 화초들의 소박한 모습을 통해, 공감에서 오는 따뜻한 기쁨을 맛보시길 소망합니다.

　감사합니다.

2025. 12.

최명숙

제장

봄

사월의 햇빛처럼
내 마음은 너와 함께하리니

 알로카시아 오도라

휴식의 푸른 문

어릴 적에 담 옆의 오동나무를 좋아했습니다. 이유는 딱 하나, 잎이 크기 때문이었죠. 그때는 오동나무의 보랏빛 꽃이 예쁜 줄도 모르고 지내던 시절이었지만, 유난히도 큰 오동잎만큼은 눈에 들어오더라고요.

얼마 전 친정어머니께서 알로카시아 오도라를 제게 주셨을 때, 그 큰 잎이 무척 마음에 들었어요. 잎은 하나였는데, 눈짐작으로 너비는 20cm, 길이는 30cm 정도 돼 보이더라고요. 어릴 때 본 오동잎보다 훨씬 더 커 보였어요.

알로카시아를 해 잘 드는 거실 창가에 두었습니다. 그 푸른 잎을 볼 때마다 마음이 넓어지는 것 같습니다. 마음이 움츠러들 때, 괜한 일로 예민해져 있을 때 넓고 푸른 알로카시아 잎을 보고 있으면 마음이 편해집니다.

알로카시아는 몬스테라와 함께 거실 인테리어 사진에 곧잘 등장하는 식물이에요. '플랜테리어'라는 말이 있을 정도로 요즘 사람들은 식물 인테리어에도 관심이 많은 것 같아요. 그래서인지 인테리어 관련 사진을 보면, 현대적 감각으로 깔끔하게 꾸민 거실 한 귀퉁이에는 으레 알로카시아 화분이 놓여 있습니다.

수채화 같은 감성이 느껴지는, 넓고 푸른 알로카시아 잎에 햇빛이 비치면, 그 잎은 새로운 세계로 들어가는 문처럼 보입니다. 그 문을 열고 들어가면 자연의 상큼한 냄새로 가득 찬 초록의 세계가 나타날 것 같아요. 그곳에서 잠시 모든 것을 잊고, 삶의 짐도 내려놓고,

나뭇잎 사이로 스며드는 밝은 햇빛 속을 천천히 평화롭게 걷고 싶어요. 걷다 보면 따뜻한 위로가 가슴속으로 서서히 번져 가겠지요. 아름다운 상념들이 머릿속에 천천히 떠오르겠지요.

운이 좋은 걸까요? 저에게는 알로카시아 같은 친구들이 있습니다. 제 마음속 창가에는 밝고 푸른 문이 되어 주는 친구들이 알로카시아처럼 자리하고 있다는 생각이 듭니다. 오랜만에 만나도 전혀 서먹하지 않고, 늘 만나 온 것 같은 느낌이 드는 건 아마도 그들이 제 마음속에 늘 자리하고 있기 때문인 것 같아요. 그들과 같이 있으면 안전한 느낌이 들고 평화로워지고 편해집니다. 물론 전화로 이야기를 나눌 때도 마찬가지지요.

그 친구들도 저를 그렇게 느끼기를 바랍니다. 저도 알로카시아가 되어 친구들 마음속 창가에서 넓은 이파리 하나 걸고 서 있고 싶습니다. 그들이 힘들고 지쳐서 저에게 올 때, 밝고 따뜻한 햇살이 나뭇잎 사이로 비치는 초록빛 세계로 그들을 안내하고 싶습니다.

친구들이 제게로 와 마음을 놓고 평화와 위안을 느끼며 쉴 수 있기를 소망합니다.

테이블야자

모두가 주인공이다

테이블야자 뾰족한 새잎이 며칠 만에 손처럼 활짝 펴졌어요. 큰 화분으로 옮겨 주었더니, 맘껏 자라고 있습니다. 이번 봄에는 꽃도 피었어요.

우리 베란다에는 5년이고 10년이고 같은 집에서 살고 있는 식물이 많습니다. 화분들 때문에 베란다가 좁아져 식물들이 못 크게 분갈이를 해 주지 않거든요. 그러나 깨달은 바가 있어서 테이블야자를 몇 년 만에 큰 화분으로 옮겨 주었어요. 그 깨달음은 갑자기 찾아왔습니다.

테이블야자는 몇 년 전 생일 때 받은 꽃바구니에 꽂혀 있었습니다. 화려한 호접란 옆에 들러리로 서 있었죠. 그 노란 호접란은 3개월이나 피어 있어서 꽤나 사랑을 받았습니다. 하지만 어쩐 일인지 죽어 버리고, 테이블야자만이 살아남았습니다. 주인공이 없어진 마당에 볼품없는 그것을 굳이 살릴 필요가 있을까 하다가 화분에 옮겨 심었습니다. 처음엔 조금 성장했지만, 그 뒤로 몇 년간은 작은 화분에서 목숨만 유지했습니다. 모양도 별로 예쁘지 않고 잎들도 건조해 보이는 테이블야자가 꽃까지 없다 보니 영 마음에 들지 않았습니다. 전 꽃을 좋아하거든요.

어느 봄날 문득 베란다 구석에서 몇 번의 겨울을 견딘 그 아이가 신통하다는 생각이 들었습니다. 사실 테이블야자는 몇 번의 불볕 여름도, 장마도 꿋꿋하게 이겨 냈습니다. 그제야 테이블야자를 제대로 보거나 느낀 적이 없다는 생각이 들었습니다. 테이블야자를 볼 때면 테이블야자가 받쳐 주었던 화려한 호접란을 생각하면서, 그 호접란이 더 살 수 있지 않았을까 하고 아쉬워하곤 했죠. 예쁜 호접란은 죽고 볼품없는 들러리만 살아남았네 하며 돌아선 적도 있었습니다.

그런데, 몇 년간 제 옆에 있는 것은 호접란이 아니었습니다. 테이블야자였습니다. 예쁘고 화려하다는 이유로 저는 호접란을 주인공으로 대접했고, 호접란이 더 예쁘게 보일 수 있도록 배경이 되어 준 테이블야자를 들러리라고 치부했습니다. 꽃도 없는 아이라고 마음속으로 무시하고 박대했습니다. 전 외양만으로 테이블야자를 판단하고 그 아이익 본모습을 알려고 하지도 않았습니다.

식물을 제대로 볼 줄 아는 사람이라면, 식물을 사랑하는 사람이라면, '주인공'이나 '들러리'라는 말을 과연 쓸 수 있을까요? 호접란은 호접란대로 개성이 있고, 테이블야자는 테이블야자대로 개성이 있습니다. 호접란이 귀하면 테이블야자도 귀하지요. 목숨은 똑같이 귀합니다. 모두가 주인공입니다. 사람도 그렇습니다. 외모와 지상에서의 소임이 다를 뿐, 모두가 주인공입니다.

꽃이 있으면 있는 대로 없으면 없는 대로, 식물을 있는 그대로 예뻐할 줄 모르던 저는 너무도 얄팍하고 편협한 사람이었습니다.

이제 화려한 호접란은 떠나고 볼품없다고 생각했던 테이블야자가 제 곁을 지키고 있습니다. 조금이나마 공기 정화까지 하면서요. 큰 화분으로 옮겨 주었더니, 침묵을 깨고, 노란 꽃까지 피웠습니다. 저에게 무시당하고 억압당했던 자신의 잠재력을 활짝 피우고 있습니다.

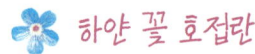 하얀 꽃 호접란

패기 있게 꿈을 펼치도록

우리 집 베란다에는 보기만 해도 미소하게 되는 화초가 있습니다. 원목 화분대에 편하게 앉아 건강하고 자유롭게 살고 있는 호접란이 바로 그것입니다. 작고 비좁은 화분에서 사는 이 호접란은 제멋대로 뿌리를 하늘로 뻗기도 하고 잎을 기우뚱하게 키우며 살고 있습니다. 펑퍼짐하게 앉아 뿌리들을 화분 밖으로 늘어뜨리고는 햇볕을 쬐기도 하고, 두려움 없이 겨울밤의 한기까지 즐기며 살고 있습니다.

이 호접란은 작은 세계에 갇히지도, 얽매이지도 않습니다. 움츠러들지도 않습니다. 다른 식물들이 어떤 자리에서 어떻게 사는지 신경 쓰지 않습니다. 눈치를 보지도 않습니다. 용감하게 팔다리를 화분 밖으로 뻗으면서 자기 방식대로 열심히 삽니다. 머지않아 하얀 꽃도 피울 것입니다.

이 호접란은 배짱이 좋고 패기가 있어 보입니다. 자신의 처지에 아랑곳하지 않고 꿈을 펼치는 용기가 있어 보입니다. 해 보고 싶은 대로 시도를 하는 도전 정신이 있어 보입니다. 뿌리는 아래쪽으로,

특히 화분 속에 내려야 한다는 원칙이 이 호접란에게는 없습니다. 반듯하게 균형을 잡고 서 있어야 예뻐 보인다는 고정관념도 없습니다. 남들처럼 살아야 안전하게 살 수 있다는 고리타분한 조언도 통하지 않습니다. 그렇다고 꽃을 피우지 않는 것도 아닙니다. 때가 되면 하얀 꽃을 20개도 넘게 보여 줍니다. 마치 실수가 있어야 오히려 화초다운 것 아니냐는 듯이 꽃이 되지 못한 누런 꽃봉오리까지 당당하게 달고서 말이죠.

이 호접란을 닮고 싶습니다.

 아마린스

갈등과 미움의 흰 솜

아마린스는 좀 크고 의젓한 다육이입니다. 성장한 뒤에도 멋진 품격을 유지하기를 바라고 있습니다. 물을 너무 많이 주면 웃자라서 품위를 잃을까 봐 물 주기도 조심스럽습니다.

직장 생활을 하다 보니 다육이들을 들여다볼 틈이 없어서 주말이나 휴일에 살펴볼 때가 많습니다. 지난 주말에 보니 다육이 중에 이상하게 변한 것들이 있었습니다. 우주목과 아마린스가 그랬습니다. 아주 작은 흰 솜 같은 게 묻어 있고, 이파리의 색과 모양이 변해 있었습니다. 진물도 나는 것 같았습니다. 베란다 다육이 동네에 흰솜깍지벌레가 출현한 것입니다. 그것이 다육이들 사이를 돌아다니며 다육이들을 상처 내고 있었습니다. 다른 다육이에게 병을 옮기기 전에 아마린스와 우주목을 버려야 하는 것 아닐까 하는 생각도 들었습니다.

문득 흰솜깍지벌레가 뒷담화하는 사람, 험담하는 사람, 이간질하는 사람으로 보입니다. 직장이나 집안 등 어느 조직 사회에서나 사람들 사이에 불안과 갈등과 의심과 미움의 솜을 만드는 사람들이 있습니다. 그런 사람들은 직장 동료 사이, 선생님과 학생 사이, 친구 사이, 가족들 사이를 오가며 오해와 갈등을 조장하는 말을 하고 다닙니다. 그런 사람들이 주변에 있으면 삶이 피폐해집니다.

흰솜깍지벌레가 아마릴스를 병들게 하고 아마릴스와 저 사이를 멀어지게 하듯이, 험담과 뒷담화와 이간질은 본인은 물론 상대방의 마음과 정신을 병들게 하고 인간관계를 해칩니다. 아무리 아마릴스처럼 의젓한 사람일지라도 부정적인 결과물을 만들어 내는 뒷담화와 험담과 이간질에는 상처를 입게 마련입니다. 마음 한쪽이 물러질 수밖에 없습니다.

저는 흰솜깍지벌레를 잡기 위해 약을 사서 아마릴스와 다른 다육이들에게 뿌렸습니다. 깎아내리고 상처 주는 갈등과 미움의 흰 솜을 없애고 싶습니다.

 군자란

표현하며 살기

군자란이 피었습니다. 너무 반갑고 고마웠어요. 작년에는 베란다의 군자란들이 꽃을 피우지 않았었거든요.

베란다에 군자란 화분이 4개 있습니다. 해마다 봄이면 군자란 화분들에서 어김없이 꽃을 볼 수 있었어요. 그렇게 당연한 일이 작년 봄에는 일어나지 않았습니다. 좀 늦게 피려나 하면서 기다렸지만, 어떤 군자란도 꽃을 피우지 않았습니다.

저는 당황했어요. 꽃을 보여 주지 않는 군자란들의 침묵을 일단 저항으로 받아들였어요. 말을 못 하는 화초이다 보니, 자신을 보살피지 않는 주인에게 이렇게밖에는 표현할 수 없었겠구나 하는 생각이 들었습니다. 그제야 군자란에 신경을 쓰지 못한 것을 깨달았습니다. 군자란에게 가까이 다가가 이리저리 살펴보았습니다. 화초용 유기농 비료를 사다 군자란 화분마다 몇 알씩 얹어 주고 흙으로 덮고 물을 주었습니다. 여러 포기가 들어 있는 화분에서는 한두 포기를 뽑아냄으로써 생활환경을 개선해 주었습니다.

군자란을 보면서 표현에 대해 생각해 봅니다. 군자란이 거절 또는 항의의 뜻을 보이는 바람에 군자란에게 신경을 쓰게 된 것처럼, 표현하지 않으면 상대방은 우리를 잘 이해하지 못할 때가 많습니다. 상황에 따라 다르긴 합니다만, 대체로 말하지 않는 것, 표현하지 않는 것, 참는 것은 미덕이 아닙니다.

좀 더 의식적이고도 다차원적으로 자기가 어떤 사람인가를 표현할 필요가 있습니다. 또 자기만의 개성적인 표현 방식도 궁리할 필요가 있습니다.

물론 가장 좋은 것은 상대방이 표현하든 안 하든 상대방의 마음과 상대방이 처한 상황을 이해해 주고 배려해 주는 것이겠지요. 그러나 우리 중 얼마나 많은 사람들이 그렇게 섬세하고 신중하고 사려 깊을까요? 바쁘게 살다 보면 가족이나 친구의 친절과 사랑을 당연시하며 잊기 일쑤이고, 그들이 어떤 처지에 놓여 있는지 모를 때가 태반입니다. 또 자기가 상대방에게 어떻게 읽히는지도 모르는 채 쫓기듯이 살 때가 허다합니다.

자신을 표현하는 문제에 신경을 좀 써야겠다는 생각이 듭니다. 그리고, 상대방에 대한 불편함을 표현하거나 상대방을 깨우치고 싶을 때는 군자란처럼 극단적인 방법으로 표현하기보다는 부드러운 방식으로 표현해야겠다고 생각합니다. 또, 우리가 선택하는 일과 방식과 물건들은 자신을 표현하는 상징적 기호가 된다는 생각도 해 봅니다.

 노란 꽃 호접란

피지 못한 꽃봉오리

군자란의 꽃이 피었어요. 게발선인장도 잎마다 꽃봉오리가 맺히기 시작했습니다. 제라늄은 무더기로 꽃을 피울 준비를 하고 있고요. 그런데, 노란 꽃 호접란의 모습은 대조적이었습니다. 지난 늦가을에 올라온 꽃대에 맺힌 봉오리가 몇 달 동안 그 상태로 겨울을 견뎠었는데 지금 보니 죽었네요. 봄이 왔건만, 꽃으로 피어나지 못하고 봉오리 상태로 죽은 거예요. 피기만 했더라면 다른 화초와는 비교도 안 될 만큼 밝고 노란 꽃이었을 텐데요.

호접란의 죽은 꽃봉오리 때문인지, 청소년과 관련된 끔찍한 뉴스들이 떠오르는군요. 한국 청소년 자살률이 아직도 OECD 국가 중 1위라고 합니다. 마음이 아픕니다. 자신의 꽃을 피우지도 못하고 꽃봉오리인 채로 죽은 청소년들은 이 세상에서 누려야 할 기쁨과 행복감을 어느 정도나 느껴 봤을까요? 그들은 얼마나 많은 슬픔과 한을 안고 떠났을까요?

프랑코 베라르디는 한국 사회의 특징을 네 가지로 요약했습니다. 끝없는 경쟁, 극단적 개인주의, 일상의 사막화, 생활 리듬의 초가속화.[1]

공감합니다. 우리가 피로한 건 이 네 가지 때문인 것 같습니다. 우리가 때때로 뜨거운 태양 아래 사막을 걷는 듯한 느낌을 갖게 되는 건 바로 이 네 가지 때문인 것 같습니다.

---

1) JTBC TV 프로그램 「차이 나는 클라스」에서 김누리 교수가 인용한 프랑코 베라르디의 말. 프랑코 베라르디는 이탈리아 미학자이자 사회비평가이다.

어른들도 살기가 이렇게 힘든데, 청소년들은 얼마나 힘들까요?

성적과 학벌이 중시되고 경쟁의 논리가 지배하는 한국 사회에서 청소년들의 일상은 사막화될 수밖에 없습니다. 또 개인주의가 팽배한 가정과 학교와 사회에 살면서 청소년들은 개인주의에 물들고 소통의 부재를 경험하며 외로움에 지쳐 갑니다. 생활 리듬이 가속화되면 될수록 뒤처지고 소외되는 사람은 노인들과 장애인들만은 아닙니다. 청소년들 역시 상대적 박탈감과 피로감을 계속 느낍니다.

꼭 대학에 가지 않더라도, 유명 대학을 졸업하지 않더라도 일할 기회를 찾을 수 있고, 무슨 일을 하든 노력에 상응하는 대가를 받고 존중받으며, 가족과 함께 일상의 기쁨을 누리며 살 수는 없는 걸까요? 성적이나 학벌이나 사회적 계급이나 소유물로 평가받지 않을 자유는 없는 걸까요?

호접란의 남은 꽃봉오리들을 들여다봅니다. 긴 겨울을 견디어 준 그 아이들이 대견스럽습니다. 호접란이 지난해에 보여 준 화려하고 아름다운 노란 꽃을 떠올리며 부디 그 꽃봉오리들이 활짝 피어나 세상을 밝혀 주기를 소망해 봅니다.

 니크셔나

경쟁의 논리보다는

다육이의 가장 큰 장점은 번식이 쉽다는 거예요. 성장한 다육이의 잎을 따서 흙 위에 놓아두면 그 잎에서 싹이 나와 자랍니다.

이삼 개월 전에, 니크셔나가 꽉 찬 화분을 상상하며, 다른 화분에서 니크셔나 두 개를 잘라다가 새 화분 가운데에 심고 그 주변 흙 위에 니크셔나 잎 열두 개를 올려놓았어요.

어떻게 되었을까요? 가운데 심은 니크셔나 두 개는 겨울을 지나면서도 뿌리를 내리고 약간 자랐습니다. 나머지 12개 잎들은 두 개만 남고 다 죽어 버렸습니다. 살아남은 두 개 중 하나에서는 싹이 나왔고, 다른 하나는 싹을 틔울 준비를 아직도 하고 있습니다.

같은 환경인데도 어떤 잎은 살아남고 어떤 잎은 죽었어요. 돌이 섞인 척박한 흙 위에서 살아남은 두 잎 모두 뿌리를 만드는 데 성공했고, 하나는 싹까지 틔웠어요. 다른 하나는 싹을 틔우기 위해 아직도 분투하고 있고요.

다육이뿐이겠습니까? 사람도 그렇지요. 똑같은 환경에서도 다 다르게 성장합니다. 발전 속도도 다르고 역량의 발휘도 다릅니다. 어릴 때 두각을 나타내는 사람이 있는가 하면, 청소년 시절과 청년 시절 내내 내공을 쌓다가 어른이 되어서 자신의 재능을 발휘하는 사람도 있습니다. 자신의 길을 빨리 찾는 사람이 있는가 하면, 뒤늦게 찾는 사람도 있습니다. 모든 면에서 빨리 배우고 성장하는 사람이 있는가 하면, 어떤 면에서는 배우는 게 더디지만, 다른 면에서는 배우는 게 빠른 사람도 있습니다. 배우는 게 겉으로 잘 드러나지 않는 사람도 있습니다. 안타깝게도, 환경에 잘 적응하지 못하는 사람도 있습니다.

중요한 건 관점이고 태도입니다. 누가 얼마나 빨리 멋있게 성장하느냐에 초점을 맞추고 사람을 바라볼 때 작동하는 것은 경쟁의 논리입니다. 일을 제때에 얼마나 잘 해내느냐에 초점을 맞추고 대상을 판단하는 것은 사람보다는 일을 더 중시하는 기능주의적 태도입니다. 사람을 사람이 아닌 기계처럼 대하는 것입니다. 세속적인 부와 권력을 얼마나 많이 획득했느냐, 얼마나 높은 지위에 올라갔느냐를 성공적인 삶의 척도로 삼는 것은 물질주의적 관점과 태도입니다.

우리는 이 세상에 1등을 하기 위해서 온 것도 아니고 꼴찌를 하기 위해서 온 것도 아닙니다. 외적인 기준에 따라 구별되는 성공자나 실패자가 되기 위해 온 것도 아닙니다.

우리는 삶의 기쁨을 누리기 위해 지상에 왔습니다. 우리는 발전하고 성장하기 위해 이 지구에 왔습니다. 우리는 정신적이고 영적이며

무한한 잠재력의 소유자입니다.[2]

싹을 일찍 틔울 수 있든 없든, 다른 사람보다 더 크고 멋있게 성장할 수 있든 없든, 중심에서 살며 눈에 띄는 사람이든, 구석에서 싹을 틔우고 있는 사람이든 간에, 중요한 것은 이 세상에서 사는 것, 어떤 어려움 속에서도 살아남아 앞으로 나아가는 것입니다. 서로 존중하고 인정해 주고 시련을 극복하면서 삶의 기쁨과 행복감을 누리는 것입니다.

베란다에 쏟아지는 햇볕이 어느새 봄볕을 닮아 있군요. 베란다에서 따뜻한 볕을 쬐며 작은 다육이들과 함께 이 생각 저 생각 해 보며 자신을 돌아보는 오후입니다.

---

2) 예수 그리스도 후기 성도 교회로 개종한 후 나는 삶의 목적을 알게 되었다. 전세에서 하나님 아버지와 함께 살았던 우리는, 삶의 기쁨을 누리며 삶의 경험을 통해 성장하고 발전하여, 하나님 아버지께 다시 돌아가기 위해 이 지상에 왔다. 불완전한 우리는 삶의 과정에서 죄도 짓고 실수도 하지만, 회개한다면, 예수 그리스도의 속죄를 통해서 깨끗해질 수 있다. 하나님 아버지의 은혜와 예수 그리스도의 속죄 덕분에 우리는 행복하게 살 수 있다.

시인과 독자

　드디어 게발선인장 꽃이 피었어요. 저는 환하게 미소 짓는 그 작은 분홍빛 꽃을 보고 "네가 웃으면 / 내 하루는 꽃길이 된다"라고 읊었습니다.

　이번 봄에는 베란다의 게발선인장 화분이 다르게 보이네요. 한 권의 미완성 시집 같아 보여요. 작고 예쁜 꽃들이 시처럼 보여요. 봉오리까지 합쳐서 꽃의 개수가 80개는 되는 것 같습니다.

　게발선인장 화분, 즉 80여 편의 시를 품고 있는 미완성 시집을 들여다보니, 활짝 핀 꽃도 있고, 살짝 핀 꽃도 있고 작은 봉오리도 있습니다. 활짝 핀 꽃은 완성된 작품이고, 살짝 핀 꽃은 마지막 손질 단계에 있는 작품입니다. 그것은 시인이 운율을 염두에 두고 종결어미를 다듬고 있는 시일 수도 있고, 혹시 이유 없이 같은 시어가 반복된 건 아닌지, 띄어쓰기가 틀린 건 아닌지 검토 중인 시일 수도 있습니다. 그런가 하면, 작은 봉오리는 몇 겹의 이미지들이 의미를 만들어 가며 서서히 구조화되고 있는 시라고 할 수 있습니다. 그 봉오리들까지 다 피는 날은 시집이 완성되는 날입니다.

게발선인장을 자세히 들여다보니, 게의 발처럼 마디들로 이어진 줄기의 시작 부분이 누렇고 딱딱합니다. 신기한 건 흙 속에 뿌리를 내린, 그 늙고 거칠어 보이는 마디에서 푸르른 새 마디가 나오고, 그 마디에서 또 다른 줄기가 생겨나고, 그 줄기 끝에서 그예 꽃이 피었다는 거예요. 세월의 힘이 느껴집니다. 그렇지요. 연륜을 무시할 순 없지요. 기쁨과 슬픔을 아우르는 삶의 경험이 풍부한 사람일수록, 오랫동안 어려움을 극복하며 실력을 쌓아 온 사람일수록 끝내 예쁜 작품을 만들어 세상을 밝히는 법이지요.

게발선인장 꽃들은 햇빛에 민감하게 반응합니다. 햇빛이 베란다로 쏟아져 내릴 때면 활짝 피어납니다. 오늘은 흐리고 간간이 비가 와서인지 게발선인장의 꽃들이 다 오므라지거나 움츠러져 있어요. 게발선인장 꽃들이 시 작품이라면 햇빛은 독자인가 봅니다. 시를 이해해 주고 공감해 주고 응원해 주는 독자들이 있을 때, 시인은 힘을 얻고 시 작품은 활짝 피게 되지요. 빛을 보게 되지요.

게발선인장 꽃을 들여디보며 '나는 어떤 시를 써야 할까?' 생각해 봅니다. 독자들이 이해하고 공감하는 시, 독자에게 위안이 되는 시, 독자에게 기쁨이 되는 시를 쓰고 싶습니다. 깨끗하고 맑은 얼굴로 밝게 웃고 있는 게발선인장 꽃처럼, 읽으면 왠지 가슴이 울리고, 코끝이 찡하고, 행복해지는 그런 시를 쓰고 싶습니다.

내일은 맑으면 좋겠습니다. 눈이 부실 정도로 밝은 햇빛이 베란다에 쏟아져 내리면 좋겠어요. 게발선인장 꽃들이 모두 활짝 피어나 행복한 미소를 지으면 좋겠어요. 저의 시들도 독자들 마음속에서 활짝 피어나 행복한 웃음을 터트렸으면 좋겠습니다.

 꽃기린

가시 끝에 핀 사랑

줄기에 억센 가시가 죽 달린 꽃기린은 예수님의 꽃으로 알려져 있습니다. '고난의 깊이를 간직하다'라는 꽃말을 갖고 있는 꽃기린의 영어 이름은 'Crown of Thorns(가시관)'입니다. 그래서일까요? 영어 이름을 보자마자 예수님 머리에 씌워진 가시관이 떠오르는군요. 고난과 고통을 당하신 예수님의 마지막 날들이 생각납니다.

우리나라에서는 꽃에 초점을 맞춰서 이름을 붙였나 봐요. 꽃이 잎 옆으로 솟아오른 모습이 기린을 닮았다고 해서 '꽃기린'이라는 이름을 붙였다고 합니다. 동화적 색채를 띠는 예쁜 이름입니다. 가시투성이 줄기 끝에 피어 있는 꽃에 초점을 맞춰 보면, 꽃기린의 작고 빨간 꽃들이 무척 귀엽고 사랑스럽습니다.

그러나 꽃기린은 암만해도 예수님의 꽃인 것 같아요. 부활절이 다가오기 때문에 더욱더 그런 느낌을 받는 것 같습니다.

예수님은 우리에게 이웃을 사랑하라고 가르치셨고, 분쟁과 다툼을 피하고, 남을 존중하며, 서로 평화롭게 살라고 가르치셨어요. 예수님은 모든 이들을 사랑하셨고, 특히 슬픔과 절망에 빠진 사람들과 가난한 사람들과 병든 사람들을 보살피고 그들에게 희망을 주셨습니다. 예수님은 돈을 받지 않고 선한 일을 하셨습니다.

예수님은 우리 죄를 대속하기 위해 십자가에 못 박히고 창에 찔려 피 흘리며 돌아가셨고, 사흘 뒤에 부활하셨습니다. 가시투성이 줄기 끝에 예쁜 꽃을 피운 꽃기린처럼 예수님은 온갖 고초를 극복하시고 구주로서의 사명을 완수하신 후 하늘의 아버지께로 가셨습니다.

우리 집 베란다의 꽃기린은 일 년 내내 꽃을 피웁니다. 그러다 보니, 창가에 서서 항상, 특히 한겨울에도 꽃을 피우는 꽃기린의 존재와 그 고마움을 잊기 일쑤고, 당연하게 생각할 때가 많아요. 마찬가지로, 항상 우리 곁에 계시고 우리를 도와주시는 예수님의 깊고 따뜻한 사랑을 당연하게 생각하거나 잊을 때가 많은 것 같아요.

이번 부활절 절기에는 꽃기린의 꽃만 들여다보지 말고 예수님의 속죄와 사랑에 대해 좀 더 깊이 생각해 봐야겠습니다. 고난의 가시를 받아들이고 속죄의 꽃을 피우신 예수님을 본받아 삶의 시련을 극복하며 저의 소명을 완수하기 위해 열심히 노력해야겠어요. 예수님의 속죄에 힘입어 슬픔과 우울함과 절망감과 좌절감을 이겨 내야 하겠습니다. 예수님은 우리가 부정적인 감정에 사로잡혀 고통스럽게 살라고 우리 대신 돌아가신 게 아니니까요. 예수님은 우리를 하나님 아버지께로 인도하시려고 지상에 오셨어요. 우리가 우리의 잘못과 죄를 회개하고 마음 편하게 살도록 도우시려고 예수님은 복음을 주셨고, 우리 대신 고초를 겪으셨어요.

우리가 그분의 가르침대로 살고자 노력하며, 자기 자신과 다른 사람을 용서하고 희망의 밝은 빛을 품고 앞으로 나아갈 때, 우리는 더 평안하게 살 수 있고 더 발전할 수 있습니다. 다른 사람을 존중하고 사랑하고 배려하려고 노력할 때, 하나님 아버지께로 돌아가는 길이 쉬워질 거라고 믿어요.

 동백나무

영혼의 치유

작년에 우리 집 동백나무는 병이 들었어요. 이파리들이 여기저기 변색되어 말라 갔어요. 겨울이 끝날 무렵이면 동백꽃을 풍성하게 피우던 나무였는데요.

처음에 저는 동백나무의 병든 잎을 골라 땄어요. 그리고 그 자리에 새잎이 나기를 기다렸어요. 그러나 새로 난 이파리 몇 개도 바로 병들었어요. 동백나무는 생기라고는 찾아 볼 수 없게 되었고, 꽃도 피지 않았습니다. 그 이유를 몰랐습니다.

어느 날 저는 결심을 하고 동백나무의 이파리들을 모두 땄습니다. 죽은 가지를 잘라 내는 것은 물론이고 가지들을 모두 조금씩 잘랐습니다. 가지만 남은 동백나무는 키도 작아졌습니다.

저는 영양가 있는 새로운 흙을 얹어 주고 이 주일에 한 번씩 물을 주었습니다. 그러나 저의 노력과 기대와 베란다로 쏟아지는 햇볕에도 불구하고 동백나무는 겨우내 반응이 없었습니다. 저는 인내심을 갖고 기다렸고, 드디어 봄이 되자, 죽은 듯이 보이던 동백나무에 새잎이 하나둘 나기 시작했습니다. 지금은 건강하고 윤기 나는 잎들이 제법 많이 생겼습니다.

사람은 어떤가요? 사람의 영혼은 어떤 때 병이 들까요?

물질주의적 가치관에 의지해서 살 때 우리의 영혼은 병이 든다고 생각해요. 물질로 영혼의 목마름을 채울 수 있는 사람이 있을까요? 좋은 집에 산다고 해서, 명품 옷이나 명품 가방, 비싼 자동차를 샀다고 해서 우리가 행복해지거나 진정한 기쁨을 느낄 수 있는 건 아닙니다. 박사 학위를 땄다거나 높은 사회적 지위를 얻었다고 해서, 부자가 되었다고 해서 정신적으로 풍요로워지는 것도 아닙니다. 물론 일시적인 만족감이나 경제적인 편안함은 얻을 수 있겠죠. 그러나 필요 이상으로 그런 데다 가치를 두는 사람은 늘 정신적으로 메마르고 목이 마릅니다.

물질적 욕망은 끝이 없습니다. 물질주의적 가치관을 소유하고 있는 사람들은 경쟁의 논리에서 벗어나지 못하며, 다른 사람과 자신을 비교하는 습관 때문에 늘 상대적 박탈감과 불안증에 시달립니다. 만족감이나 충족감이 너무 일시적이다 보니, 그런 사람은 자신의 밑 빠진 욕망의 항아리에 물질적인 것들을 계속 채워 넣어 보지만 언제나 허전하고 허무합니다.

또 물질적 기준으로 사람을 평가하고 판단하기 때문에 인간관계에서도 참다운 기쁨이나 신뢰감을 느끼지 못합니다. 진심으로 자기를 존중해 주고 알아주는 친구, 자신이 곤경에 처했을 때 자기 옆에 남아 자기를 격려해 주고 함께 울어 줄 수 있는 친구, 기쁨을 함께 나눌 수 있는 친구를 얻지 못합니다. 그런 사람은 삶의 시련을 겪을 때든 성공했을 때든, 항상 고독합니다.

또한, 이기적으로 살아가는 사람들일수록 정신적으로 병이 들기 쉽다고 생각합니다. 그들은 자기중심적인 사람들입니다. 무슨 생각을 하든, 무슨 판단을 내리든, 무슨 행동을 하든 그 중심에는 늘 자기 자신이 있습니다. 모든 것은 자기를 위해서 존재한다고 생각합니다. 또 이기적인 사람들은 무슨 일을 하든, 어떤 인간관계에서든 계산적이고, 자기에게 이익이 되는 쪽에만 관심이 있습니다. 남을 배려하고 남에게 양보하고 자기를 희생하는 건 손해라고 생각합니다. 남에게 작은 것이라도 내주어야 하는 상황에 직면하는 것은 그들에게 큰 시련입니다.

이기적인 사람치고 행복한 사람을 본 적이 없습니다. 그런 사람들은 늘 불평불만에 가득 차 있습니다. 그들은 늘 차갑고 불안하고 피곤합니다. 그들은 포용적이지 못하고 이해의 폭도 좁습니다. 늘 받으려고만 하기에 괜한 일로 상처를 받고는 슬픔과 아픔에 붙들려 있기도 합니다.

넉넉한 형편은 아니더라도 작은 것이라도 이웃과 나눌 줄 알고,

물질적인 기준을 떠나 다른 사람들을 순수하게 대하는 사람일수록 감사하는 삶, 행복한 삶을 삽니다.

우리가 정신적인 가치를 추구하고, 다른 사람을 존중하고 순수하게 대하고 배려할 때, 시간이든 재능이든 힘이든 물질이든 다른 사람과 나누고자 할 때, 우리 마음은 행복감과 기쁨으로 가득 찹니다. 또 그런 과정을 통해 우리의 삶은 밝아지고, 우리의 재능이 발전하며, 우리의 잠재력이 옳은 방향으로 실현됩니다. 친구가 늘어나고 이웃도 하늘도 우리를 돕습니다.

우리가 이타적인 삶의 자세로 정신적인 것들을 추구할 때 우리는 평안하고 밝은 마음으로 살 수 있고, 삶 속에서 기쁨을 느낄 수 있습니다. 동백나무에 쏟아지는 햇볕 같은 하늘의 축복으로 생기 있고 건강한 삶을 살 수 있습니다. 동백이 빨간 꽃을 피우듯이 우리 역시 삶의 기쁨을 누리며, 자기만의 꽃을 피울 수 있습니다.

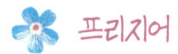

차이를 존중하기

수채화 같은 연애 소설 한번 써 보는 게 소원인데요. 만일에 쓰게 되면, 향기로운 프리지어 한 다발을 어느 장면에든 꼭 등장시킬 생각이에요. 연인을 만나러 가는 주인공 손에 들리든지, 아니면 봄볕 쏟아지는 창가에 앉은 주인공 옆에 두든지.

하지만 용인의 남사화훼단지에서 프리지어를 살 때는 그런 낭만적인 생각을 하지 못했어요. 노란 프리지어만 피어 있는 화분과 흰색과 노란색의 프리지어가 섞여 있는 화분 중에서 한 개를 선택해야 했기 때문이에요. 저는 예전에 논술을 가르칠 때 사용했던 바나나 이야기와 감자 이야기를 떠올리며 흰색과 노란색의 프리지어가 함께 살고 있는 화분을 선택했습니다.

우리가 먹는 바나나의 품종은 캐번디시라고 합니다. 원래 바나나는 씨가 있는 열매였는데, 씨 없는 바나나가 돌연변이로 나타난 후로 인류는 씨 없는 바나나만 재배하게 되었고, 현재는 캐번디시라는 단일 품종을 먹고 있다고 합니다. 그런데 이 캐번디시 바나나는 멸

종 위기에 처하게 되었습니다. 그것은 전 세계적으로 단일 품종만 재배하게 되면서 유전적 다양성이 사라져 캐번디시 바나나가 환경의 변화나 질병에 취약해졌기 때문이라고 합니다.

1845년부터 1850년까지 이어졌던 아일랜드의 대기근 사태 역시 단일 품종은 질병에 대한 저항력과 환경 변화에 대한 적응력이 약하다는 것을 입증해 줍니다. 감자를 식용 작물로 재배하기 시작했던 아일랜드는 감자 덕분에 빈곤과 굶주림에서 벗어날 수 있었습니다. 당시에 아일랜드에서는 단일 품종의 감자만 경작했는데, 아마도 재배하기가 쉽고 재배 효율이 높아서였을 겁니다. 그런데 1845년부터 시작된 긴 장마로 아일랜드에 감자잎마름병이 퍼지면서 감자가 병들어 죽어 갔고, 감자를 주식으로 삼다시피 했던 아일랜드인들 역시 굶주림으로 죽어 갔습니다.

이 바나나 이야기와 감자 이야기는 우리에게 다양성의 중요성을 일깨워 줍니다.

우리는 종종 인종 차별에 관한 뉴스를 보곤 합니다. 다른 사람이나 다른 문화, 다른 종교, 다른 관점, 다른 방식을 존중해 주지 않는 사람들로 인해 발생한 불행한 사건들의 소식을 듣게 됩니다. 그렇다면 인종과 문화와 생활방식과 관점 등의 면에서 전 세계가 단일화된다고 가정해 봅시다. 그렇게 될 때 과연 우리는 변화하는 지구 환경에 적응하고, 우리가 직면하게 되는 숱한 문제들을 극복해 가며 살아남을 수 있을까요? 이건 정말 중요한 문제인데, 우리가 과연 생동감 있는 삶을 살 수 있을까요? 진화하고 발전할 수 있을까요?

우리가 현재 누리는 다양성과 차이는 인류 발전의 원동력이자 생동감 있는 삶의 근거입니다. 제 친구는 다양성과 차이는 하나님의 선물이라고 저에게 말해 주었습니다. 우리는 고맙게도 여러 면에서 우리와 다른 사람들에게서 많은 것을 느끼고 배우며 성장하고 있습니다. 서로 나누고, 협력하고, 협업하며 발전하고 있습니다.

흰 프리지어와 노란 프리지어가 함께 살고 있는 작은 화분 앞에서 다양한 사람들이 함께 사는 세상이 얼마나 아름다운지 새삼 느껴 봅니다.

 수국

부모와 자녀 사이를 해치는 것

꽃시장에서 분홍빛 수국을 샀어요. 베란다 흰 수국의 화분이 좀 커서 흰 수국 옆에 그 분홍빛 수국을 심었습니다. 줄기 하나에 크기가 다른 수국 꽃이 세 개 피어 있는데, 왠지 엄마와 아들과 딸처럼 정다워 보였어요. 엄마 수국 꽃은 분홍빛이었고, 아들 꽃은 전체적으로 푸르스름한 상태에서 일부분만 분홍빛을 띠었고, 딸 꽃은 푸르스름했습니다.

수국의 꽃 색깔은 흙이 좌우한다는데, 흰 수국의 흙 때문에 이번 수국의 분홍빛이 희게 되는 건 아닐까 하는 걱정이 슬그머니 올라옵니다. 색깔이 다른 두 수국을 괜히 같은 화분에 살게 했나 하는 후회도 듭니다. 그래서일까요? 자꾸 베란다를 내다보게 됩니다.

염려와는 달리, 엄마 수국 꽃 옆에 딱 붙어 있는 아들 꽃이 점점 분홍빛으로 물들어 갔습니다. 조그마한 딸 꽃도 분홍빛을 띠기 시작했습니다.

그 모습을 보고 있자니, 수국 꽃들처럼 아이들은 은연중에 부모를 닮는다는 생각이 드네요. 문득 두려움과 함께 엄마 노릇을 제대로 했나 하는 반성이 듭니다.

저는 다정하고 자연스럽게 분홍빛 엄마 꽃을 닮아 가는 아들, 딸 수국 꽃을 보며 부모와 자녀 사이를 해치는 것이 무엇인지 생각해 봅니다.

'공부하라'는 말을 되풀이하는 부모들이 있습니다. 그 말이 과연 효과가 있을까요? 제 생각입니다만, 자식들이 공부하고 탐구하는 모습을 보고 싶으면, 부모가 공부하고 탐구하는 모습을 보여 주는 게 좋다고 생각해요. 그러나 그렇게 해도 따라 하지 않으면 그 자녀에게는 다른 길이 있는 거예요.

저는 아들, 딸 꽃이 엄마 꽃을 따라 예쁘게 물들어 가는 것을 보며, 긍정적인 삶의 태도를 아이들에게 자연스럽게 전해 줄 수 있는 방법이 뭘까도 생각해 봅니다.

자녀가 어릴 때부터, 위급한 상황이 아닌 다음에는, '안 돼', '하지 마' 등의 부정적인 말을 하지 않는 게 좋다고 생각해요. 만일에 아이가 장난감 기차를 갖고 노는 것이 어떤 이유로 마음에 들지 않으면 "그거 갖고 놀지 마."라고 말하며 뺏기보다는 다른 장난감을 갖고 와 아이의 주의를 끌어서 아이가 장난감 기차를 놓고 다른 장난감을 갖고 놀게 하는 거지요.

부모는 자녀를 교육해야 하겠지만, 자신의 의사를 긍정적으로 표현하려고 노력해야 합니다. 부모의 언어가 긍정적일 때 부모의 삶의 태도도 긍정적으로 바뀝니다. 아이 역시 부모에게 물들어 긍정적으로 됩니다.

말처럼 쉽진 않지만, 우리 부모들 먼저 불필요한 잔소리를 줄이고,

긍정적인 언어를 사용해야 아이들이 가정에서 편안함을 느낄 수 있고 가족끼리 친하게 지낼 수 있다고 생각해요. 가정에서의 실패는 어떤 사회적 성공으로도 보상할 수 없습니다.

베란다에서 짙은 분홍빛으로 물들어 가는 수국 꽃들이 정겹고 행복해 보입니다.

 드라세나 마지나타

큰물보다 중요한 것

환경의 중요성을 이야기할 때 비유로 쓰이는 이야기가 있습니다. 바로 코이라는 비단잉어 이야기입니다. 코이는 어항에서 살 때는 8cm까지 자라지만, 수족관에서 살 때에는 25cm, 강에서 살 때에는 120cm나 자란다고 합니다.

우리 집에 드라세나 마지나타라는 식물이 있어요. 아프리카가 원산지인데, 공기 정화 능력이 뛰어나다고 해요. 잎이 가늘고 길며, 붉은 선이 잎의 가장자리를 따라 나 있습니다. 키우기가 쉬워서 일주일에 물만 한 번 주면 거실에서도 잘 지내고 베란다에서도 잘 지내요.

얼마 전 화초가 두 개 죽었습니다. 어떤 화초를 큰 화분으로 바꿔줄까 하고 둘러보니, 드라세나 마지나타가 눈에 들어왔습니다. 입이 없긴 하지만, 지금까지 불평 없이 작은 공간에서 오래도록 잘 버텨주고 후손까지 만들어 낸 마지나타가 대견해 보였거든요.

그동안 마지나타의 곁가지를 잘라서 물에 담가 뿌리를 낸 후 새로운 화분에 심기를 몇 번 했어요. 일 년 전쯤에 삽목한 것은 친구에게 선물까지 했어요. 검은색 사각 시멘트 화분에 넣었더니, 이파리들이 가늘고 길어서인지 우아해 보였습니다.

큰 화분에 옮겨 심은 마지나타는 아닌 게 아니라 물 만난 고기처럼 갑자기 자라 보였습니다. 그동안 환경이 나빠서 못 컸다는 듯이 기지개를 몇 번 켜더니 한 달 만에 키가 더 크고 잎도 더 길어진 것 같았습니다.

코이나 마지나타뿐만 아니라 사람에게도 환경이 중요합니다. 그래서 예로부터 어른들은 사람은 큰물에서 놀아야 한다는 말을 자주 해 왔나 봅니다. 현재 속해 있는 곳보다 더 큰 세상, 더 큰 무대로 나가야 많이 배우고 자신의 역량을 기를 수 있고 발전할 수 있다고 생각하는 거지요.

그러나 환경보다 중요한 것이 정신과 마음이 아닌가 생각합니다. 더 큰 세상으로 나간 사람들이 모두 많이 배우고 성장하고 성공적인 삶을 사는 건 아니에요. 환경이 더 좋게 바뀌었다고 해서 반드시 더 행복해지는 것도 아니고요. 변화하고자 하는 내적인 동기와 의지가 있어야 큰물에서는 물론이고 어떤 환경에서든 크게 변화할 수 있다고 생각합니다. 아무리 큰 세상에서 살게 되었다 하더라도 열정과 의지, 긍정적인 태도와 목표 의식, 인간관계 형성 능력, 고난을 딛고 일어서는 강한 회복력이 없으면 자신의 역량을 키우거나 발휘하긴 어려울 것입니다.

또 행복하지 않다면 큰물에서 사는 것이 무슨 의미가 있을까요? 우리가 추구하는 삶은 외형만 거창한 삶은 아닐 테니까요.

자기가 누구인가를 아는 것, 이 세상에서 자기가 하고 싶은 것이 무엇인지 아는 것이 중요합니다. 자신은 자신을 사랑으로 낳아 기르신 부모님의 소중한 자녀라는 것을 아는 것이 중요합니다. 자신의 부모님은 온갖 어려움을 극복하고 기쁨으로 자식을 키우신 조부모님의 자녀인 것을 깨닫는 것이 중요합니다. 자신이 이 지상에 온 것은 조상들 덕분이고 자신의 존재는 오래도록 쌓인 인연의 결과라는 것을 깨달을 때, 자신이 얼마나 소중한 존재인지 깨달을 수 있습니다.

이 우주에서 자신은 하나밖에 없는, 누구도 대신할 수 없는 존재라는 것, 엄청난 가능성과 잠재력을 지니고 이 세상에 온 하나님의 자녀라는 것을 깨달을 때 자아존중감이 높아집니다. 아울러 다른 사람들 역시 그런 존재라는 것을 깨달을 때 다른 사람들에 대한 존중심도 커집니다.

자신은 이 지상에서 삶의 기쁨을 누리고 발전하기 위해 왔고, 자신만의 개인적 소임과 시대적 소임을 이루기 위해 이 세상에 왔다는 것을 알게 될 때, 자녀들은 더 밝아지고, 더 많이 배우고 발전하고자 노력하게 될 것입니다.

자식이 꽃길을 걷기 위해 이 세상에 온 게 아니라, 삶의 경험과 시련을 통해 더 발전하고, 선하고 아름답고 진실한 것을 이 세상에 주기 위해 왔다는 것을 잊지 말아야 합니다. 자식이 자신의 길을 갈 수 있도록 칭찬하고 격려하고 위로해 주어야 합니다. 그런 부모 밑에서 크는 자녀들이라면 좁은 세상에서든 넓은 세상에서든 꿈을 펼칠 수 있고, 실패를 딛고 일어나 언제든지 새로 시작할 수 있을 거예요.

자녀들의 환경을 바꿔 주는 것도 좋지만, 그보다 먼저 그들의 내면이 변화할 수 있도록 이끌어 주면 더 좋을 것 같아요. 자녀들이 자신의 정체성과 삶의 목적을 이해하고, 좋은 선택을 하고자 노력하면서, 삶의 어려움을 극복해 간다면, 그들은 더 훌륭해지고 행복해질 것입니다. 또 그들은 발전해 가면서 자신들이 속한 세상을 더 나은 세상으로 바꾸어 나갈 것입니다.

제2장

여름

밤이면 밤마다
별빛이 고였습니다
낮이면 낮마다
햇빛이 스며들었습니다
당신을 만나러 가는 오늘엔
떡잎 하나 올라왔습니다
사랑일까요?

 율마

푸른 쉼표의 노래

우리 집 율마의 이름은 '쉼표'입니다. 털북숭이 율마가 '쉼'을 의미하는 녹색이기도 하지만, 그 모양이 쉼표가 다리를 쭉 뻗은 형상이라 그래요.[3]

까다로운 율마가 두 번이나 죽어 버렸을 때, 저는 다시는 율마를 키우지 않겠다고 결심했어요. 물 때를 한 번 놓쳤다고 해서 죽어 버리다니요.

햇볕이 충분해야 하지만 너무 강하면 안 되고, 통풍이 잘되는 곳에 두어야 하고, 습도도 맞춰 줘야 하고, 물도 자주 주어야 합니다.

그러나 퇴직 후에 저는 제일 먼저 작은 율마를 샀어요. 거리를 두고 보면 잎들이 보송한 솜털처럼 보이지만 가까이 가 만져 보면 뾰족한 잎에 찌를 듯이 힘이 들어가 있어요. 그런 반전 매력뿐만 아니라 향기가 너무 좋아요. 만질 때마다 피톤치드 향기가 묻어나요. 그

---

3) 율마는 '월마'라고도 한다.

러나 무엇보다 실패의 기억을 털고 싶었어요. 다시 잘해 보고 싶었어요. 모양을 다듬어 줄 때마다 주위를 은은하게 채우는 율마의 푸른 노래를 듣고 싶었습니다.

베란다가 없는 집으로 이사 오느라 베란다에서 키우던 화초들을 이웃에게 나눠 줬지만, 율마는 데리고 왔어요.

햇빛 잘 드는 창가에 두고 물을 일주일에 두 번씩 줬더니 율마는 잘 자랐어요. 폭염이 기승을 부리고 습도가 높을 때는 신경을 더 썼어요. 율마는 가뿐하게 여름을 났어요.

우리는 사실 실수하고 실패하기 위해 이 지상에 왔는지도 몰라요. 중요한 건 포기하지 않는 겁니다. 자신의 한계와 능력을 넘어서는, 터무니없는 일만 아니라면, 다시 한번 도전해 봐야 해요. 우리는 극복과 성취의 기쁨을 맛보기 위해 이곳에서 살고 있는지도 모릅니다.

푸른 쉼표, 율마의 노래가 조용히 거실에 퍼집니다.

 **칼랑코에**

라떼는 말이야

시인 괴테는 대단한 식물학자였다고 합니다. 그는 "『식물변형론』이라는 책에서는 식물 잎의 변화를 세분화하고, 꽃을 이루는 기관은 잎이 변해서 만들어졌다"라고 했고, "'떡잎'이라는 단어도 만들었다"라고 합니다. 그래서 "그의 이름을 딴 '괴테 식물(Goethe plant)'"도 등장했는데, 그 식물이 바로 칼랑코에라고 합니다.[4]

괴테 식물 칼랑코에는 무리 지어 피는 작은 꽃들도 귀엽고 키우기 쉬워서 우리 베란다에도 있습니다.

흰 칼랑코에 꽃은 처음에 피었을 때는 색깔이 노랗습니다. 시간이 가면서 하얗게 변하죠. 그래서 한 화분에 어린 노란 꽃과 다 자란 흰 꽃이 같이 있을 때가 있습니다. 그 모습은 마치 우리 사회에서 젊은 이와 어른이 현재의 시간을 공유하는 모습 같습니다. 그 둘이 이야기를 나눈다면 어떤 이야기를 나눌까요? 현실에서처럼 나이 든 사

---

4) 고두현, 「시인 괴테는 뛰어난 생물·광물학자였다」, 『한국 경제 신문』, 2020년 7월 24일 기사.

람이 젊은이에게 '라떼는 말이야' 하며 이야기를 시작하진 않겠죠?

'라떼는 말이야'라는 말은 딸기라떼, 고구마라떼 같은 '라떼' 음료를 설명하기 위한 서두가 아닙니다. 소위 '꼰대' 유형에 속하는 나이 든 사람이 '나 때는 말이야' 하면서 자기 젊었을 때 얘기를 꺼내는 걸 비꼬기 위해 만들어진 말로서 온라인상에서, 또 젊은이들 사이에서 유행하는 말입니다. 이 말을 만든 사람이 '나 때는'과 '라떼는'의 발음이 비슷한 데 착안해서 만든 거죠. 요즘은 한 발 더 나가 'Latte is horse'라고 한다는군요.

이제 막 회사에 들어온 신입사원이 오후 6시에 퇴근하려고 하면, 같은 부서에 근무하는 꼰대 스타일의 나이 든 상사가 "나 때는 말이야. 칼퇴근은 생각도 하지 못했어. 과장님, 부장님이 다 가신 다음에야 집에 갈 수 있었지." 한다는 거죠. 며느리가 반찬과 간편식을 사 먹으면 꼰대 스타일의 시어머니가 "나 때는 말이야. 김치는 물론이고 모든 반찬을 다 만들어 먹었어. 어떻게 된장찌개까지 사 먹는지 모르지만." 한다는 거죠.

더 이상 80년대도, 90년대도 아닙니다. 사회가 많이 변했습니다. 아니, 지금도 변하고 있습니다. 경제 수준도 상당히 향상되었고, 우리 사회의 크고 작은 조직의 시스템도 바뀌고, 사회 구성원들의 가치관도, 삶의 방식도 바뀌었습니다. 사회가 너무나 많이 변해서 현재의 사회와 나이 든 사람들의 젊은 시절의 사회를 비교하는 것이 힘들 정도입니다.

이런 상황에서 어른들이 자기가 젊었을 때의 이야기를 하는 이유는 뭘까요? 지금에 비하면, 경제 수준도 낮고, 인권이나 차별에 관한 의식도 부족하고, 경직되고, 수직적이고, 개인보다는 집단 위주였던 시절의 삶의 방식을 꺼내는 이유는 뭘까요?

저는 나이 든 사람들이 젊은이들의 사고방식과 삶의 방식을 이해하고 존중해 주어야 한다고 생각합니다. 미래를 예측하기 어려운 상황 속에서 미래에 대한 불안감을 극복하며 꿈을 꾸고 고민하며 열심히 살아가는 젊은이들에게 힘을 실어 주어야 한다고 생각합니다. 사회의 변화에 적응하려 노력하고, 젊은이들에게 귀를 기울여 새로운 것을 배우며 소통해야 한다고 생각합니다.

저도 나이가 들어 갑니다만, 우리에게 현재는 없고 젊은 시절의 과거만 있다고는 생각하지 않습니다. 현재보다 과거나 미래가 중요하다고 생각하지도 않습니다. 저는 젊은이들과 공유하는 현재의 시간을 너무나도 소중하게 생각합니다. 저는 현재주의자가 되고 싶습니다.

제프리 알 홀런드라는 분이 이런 말을 했습니다. "과거에서 배우되, 사로잡히지는 마십시오."[5] '라떼는 말이야'라는 시대착오적인 말이 더 이상 유행하지 않았으면 좋겠습니다.

---

[5] 예수 그리스도 후기 성도 교회의 세미나리 및 종교 교육원 교육감인 채드 에이치 웹 형제가 2021년 S&I 연례 훈련 방송에서 홀런드 장로의 말씀을 인용함.

 만손초

선을 넘는 사람들

주말 아침이면 베란다를 청소합니다. 꽃이나 나무에서 잎도 떨어지고, 문을 열어 놓은 탓에 먼지도 쌓이거든요.

청소하면서 화분들을 살펴봅니다. 배양토를 얹어 준 화분의 식물은 생기가 돕니다. 벤저민은 잎에 윤기가 돌고, 꽃기린은 봄이 아닌데도 꽃 색깔이 선명합니다.

매주 한 번 물만 주다가, 1년에 한두 번 배양토나 비료를 조금씩 화분 위에 얹어 줍니다. 배양토 얹어 주는 날이 그 식물에겐 생일입니다. 물만 먹다가 영양가 있는 음식을 먹으니까요.

다들 잘 있군 하면서 화분 사이를 청소하다가, 문득 어이없는 일을 목격했습니다. 만손초가 자기 화분 안에 새끼들을 떨어뜨리는 것도 부족해 주변에 있는 다른 화분들을 침범한 것입니다. 괘씸한 생각까지 들었습니다.

만손초는 이파리마다 새끼('클론'이라고도 하지요.)를 다닥다닥 달고 있는 식물입니다. '다산'을 상징한다고 해서 만손초를 키우는 사람도 있지요. 이파리의 클론들이 떨어져 자랄 공간이 필요하기에 만손초는 좀 넓은 화분에 심어야 합니다.

올봄에 만손초의 성장과 번식이 감당이 안 되어 가운데 대만 남기고 줄기와 잎을 따 주었습니다. 제 바람대로 만손초는 옆으로 퍼지지 않고 위로만 자랐습니다. 물론 남은 이파리들에는 클론이 달려 있고요.

그런데 그동안 방심했나 봅니다. 청소하다 보니, 만손초의 클론들이 다른 화분들 안에 들어가 있었습니다. 심지어 1미터 넘게 떨어져 있는 목베고니아 화분에서도 새끼만손초가 자라고 있었습니다. 멀리뛰기라도 한 걸까요?

만손초가 다른 화분에 들어가듯이 선을 넘는 사람들이 있습니다. 남의 영역을 침범하는 사람들은 타인에 대한 존중심이 부족합니다. 무례합니다. 선을 넘는 사람들은 늘 자기의 생각과 방식이 더 훌륭하다고 생각해서 섣부르게 충고하고, 다른 사람을 무시하기 일쑤입니다.

상대방의 능력과 영역을 존중하는 사람들은 겸손합니다. 그들은 월권하는 사람들이 갖지 못한 능력, 즉 분별력을 갖고 있습니다. 이래라저래라 하면서 남의 일에 참견하지 않습니다. 그들은 자기 일에 충실하면서, 도움이 필요한 사람을 만나면 기꺼이 도와줍니다.

남의 화분에 들어간 새끼만손초들을 다 뽑아내야겠습니다. "선을 넘지 말아라, 자기 일에 충실해라."라고 베란다 식물들에게 권고해야 하겠습니다. 그런데, 목베고니아 화분에 자리 잡은 작은 만손초를 뽑다 말고 갑자기 한숨이 나옵니다. 나는 어떤가 하는 반성 때문입니다.

 아프리칸 바이올렛

판단보다는 사랑을

　아파트 단지 안을 산책하다 보니 꽃밭에 맥문동이 피어 있었어요. 보랏빛 꽃들이 횡대로 서너 줄 늘어서 있는데 참 예뻐 보였습니다. 그래서 사진도 찍고, 가까이 가서 길이가 10cm는 족히 넘을 듯한 보라색 꽃이삭을 들여다봤죠. 연보랏빛 이삭들이 참 알차게 붙어 있었습니다.

　문득 우리 집 베란다에 있는 보랏빛 꽃, 아프리칸 바이올렛이 생각났습니다. 집 밖의 꽃도 예쁘지만, 예쁘기로 따지면 사실 집 안의 꽃이 더 예쁘죠. 우리 집의 아프리칸 바이올렛의 외양이 맥문동보다 더 예뻐서라기보다는 그 아프리칸 바이올렛은 제가 선택한 꽃이라 그렇습니다. 아프리칸 바이올렛은 『어린 왕자』에서 어린 왕자가 말한 것처럼 제가 물을 주고, 바람을 막아 주고 벌레를 잡아 주며 키운 꽃이라 제게는 더 소중하고 더 예뻐 보입니다.

　우리 집 아프리칸 바이올렛과 저 사이에는 사연이 있습니다.

　바이올렛은 햇빛을 좋아해서 햇빛 잘 드는 곳에 두고 물만 일주일에 한 번 주면 수시로 꽃을 피웁니다. 몇 년 동안 베란다에서 꽃을 보여 주던 신통한 자줏빛 바이올렛이 죽었을 때, 저는 꽃집에 가서 바이올렛을 네 개 사 왔습니다. 저는 크고 둥근 화분에 그 네 개를 적절하게 배치해 심어 주었습니다. 처음에는 넷 다 잘 지내는 것 같았는데, 한 달도 못 되어서 한 개가 죽었습니다. 그러고는 곧이어 또 한 개가 죽었습니다. 똑같은 환경인데, 뜬금없이 두 개가 죽으니까, 전 나머지 두 개의 바이올렛에 대해 의구심이 생겼습니다. 이것들이 둘을 쳐 냈나? 공간이 좁아 보이지도 않는데, 무슨 이유로 둘을 밀어 냈지? 나눠 먹기엔 영양이 부족했나?

넓은 공간을 작은 바이올렛들이 차지하고 있는 게 마음에 들지 않아 저는 그 남은 두 개의 바이올렛을 타원형의 화분에 옮겨 심었습니다. 큰 화분에는 고무나무를 옮겨 심었고요.

그런데 얼마 가지 않아 타원형 화분의 왼쪽, 오른쪽에 하나씩 심은 바이올렛 중 오른쪽 바이올렛이 죽어 갔습니다. 똑같은 흙에 살면서 똑같은 햇볕을 쬐고 똑같은 시간에 물을 먹는데 왜 하나가 죽는지 이해가 안 갔습니다. 바이올렛은 함께 살지 못하는 꽃인가? 이번에도 저는 살아남은 보랏빛 바이올렛을 의심했습니다. 사이좋게 지낼 수는 없는 거니? 뿌리가 그렇게 큰 것도 아니고, 몸집이 큰 것도 아니고, 키가 큰 것도 아닌데, 뭐가 좁아서, 아니 뭐가 마음에 안 들어서 친구 하나를 밀어 낸 거니? 너네는 함께 사는 법을 모르니? 참고, 이해하고, 나누고, 배려하는 것 말이야.

저는 작고 예쁜 보랏빛 꽃 세 개와 꽃망울을 한 개 달고 있는 바이올렛에게, 사람도 아닌 바이올렛에게 "예쁘기만 하면 다니? 성품이 좋아야지. 왜 함께 지내지를 못하는 거야?" 하면서 꾸중을 하고 바이올렛 화분을 들어 바람도 잘 통하지 않고 햇빛도 잘 들지 않는 현관에 갖다 놓았습니다. 마치 반성이라도 하라는 듯 바이올렛을 현관 창 옆으로 귀양 보낸 저는 눈앞에서 멀어진 그 꽃을 일주일간 거의 잊었습니다. 퇴근해 와서도 베란다에 있는 화분들만 보게 되고, 살피게 되지, 현관에 있는 바이올렛은 휙 지나가기 일쑤였습니다.

일주일도 더 지난 어느 날 퇴근해 돌아온 저는 현관 창 옆의 바이올렛을 보게 되었습니다. 꽃도 지고 꽃망울도 말라 버렸습니다. 햇빛을 못 봐서 그런 모양이었습니다. 바이올렛을 데리고 베란다로 가는데 문득 '그런데, 바이올렛이 무슨 잘못을 했지?' '바이올렛이 친구를 밀어 냈다고 생각하는 근거가 뭐지?' 하는 생각이 들었습니다.

저는 바이올렛에 대해 아는 게 없습니다. 왜 바이올렛들이 같은 환경에서 네 개에서 세 개로, 다시 세 개에서 두 개로, 두 개에서 한 개로 줄어들었는지 모릅니다. 그냥 현상만 보고 제멋대로 생각하고 판단했을 뿐입니다. 어째서 그런 결과가 나왔는지 알아보지도 않았습니다. 사실 확인을 하지 않은 상태에서, 근거도 없이 저 혼자서 제멋대로 생각하고 판단하고 바이올렛을 귀양 보냈던 것이었습니다.

바이올렛에게 미안한 마음이 들었습니다. 제가 해야 할 일은 판단이 아니라 사랑이라는 걸 깨달았어요. 바이올렛에게 물을 주고 벌레를 잡아 주고 햇볕을 쪼여 주며 우리의 관계를 의미 있게 만들어 가는 것이야말로 제가 해야 할 일이라는 것을 깨달았습니다.

저는 사람들과의 관계에서도 이와 비슷한 일이 자주 일어난다고 생각합니다. 특히 험담이나 비판, 뒷담화와 같은 부정적인 일에 직면했을 때, 당사자의 얘기를 들어 보거나 당사자가 처한 상황에 대해 완전히 알아보지 않은 채, 또 사실 여부를 100% 확인하지 않은 상태에서 당사자를 함부로 판단하거나, 다른 사람들에게 그런 이야기들을 옮기거나, 당사자를 존중하지 않는 행동을 하는 것은 옳지 않다고 생각합니다. 무조건 판단을 중지하고 보류해야 한다고 생각합니다.

특히 말이라는 게 사람들의 입을 거치면서 눈덩이처럼 커지는 게 일반적이기 때문에 다른 사람의 말을 그대로 받아들이는 건 위험합니다. 그리고 사실 우리에게 온 이야기가 어디까지가 사실인지를 알아내는 것, 당사자가 처한 상황과 입장, 그런 이야기를 하는 사람과 남에게 퍼트리는 사람들의 의도까지 다 파악하기는 불가능히므로, 우리는 그 이야기의 당사자와 관련자들에 관한 판단을 중지하거나 보류하는 것이 마땅하다고 생각합니다. 부정확하고 불확실한 근거를 바탕으로 이러니저러니 하는 것은 합리적이지도, 논리적이지도 않습니다.

저는 아직도 실수할 때가 있습니다. 바이올렛 일을 겪으면서 더 조심해야겠다는 생각이 듭니다. 사람들에 대해서만큼은 더 조심하자고 마음을 다잡아 봅니다. 아예 마음의 메모장에 '판단 중지, 판단 보류'라고 써 둬야겠습니다. 사람과의 관계에서 제가 해야 할 일은 판단이 아니라 사랑이라는 걸 명심해야겠습니다.

 목베고니아

강인하고 예쁜 삶의 꽃

싱가포르에 여행 갔을 때 '클라우드 포레스트(Cloud Forest)'란 곳에 간 적이 있습니다. 그곳은 세계적인 정원 '가든스 바이 더 베이 (Gardens by the Bay)'의 한쪽에 자리한 실내 정원입니다. 클라우드 포레스트에서 실내 폭포와 수정석과 신기한 나무들과 꽃들을 구경하고 나오는데, 출구 근처에 낯익은 꽃이 보였습니다. 바로 목베고니아 꽃이었습니다. 얼마나 반갑던지요!

우리 집에 목베고니아가 들어온 것은 십수 년 전입니다. 지금 살고 있는 이 도시로 이사 온 저는 교회에서 인상이 좋으신 이금례 자매님을 만났습니다. 저보다 연배가 한참 위이신 그 자매님은 저를 따뜻하고 편안하게 대해 주셨어요. 제가 꽃을 좋아하는 걸 아시고 베고니아를 선물하셨습니다.

그 이름이 프랑스 식물 애호가 베공의 이름에서 유래됐다는 베고니아는 흰 점이 사방에 나 있는 푸른 이파리들을 달고 있는데, 그 이파리들은 햇빛이 비치면 빨개 보입니다. 개성이 강해 보이는 이파리들에 비해 다발로 피어 있는 베고니아의 꽃은 너무도 연약하고 수줍어 보입니다. 그 다홍빛 꽃잎들은 투명하고 순수해 보입니다.

가지를 잘라서 아무 흙에나 꽂아 두면 그 환경에 적응하여 뿌리내리는 목베고니아는 생명력과 생활력이 강합니다. 그렇게 강하니까, 겨울엔 10도 언저리로 내려가고 여름에는 35도까지 올라가는 우리 집 베란다에서 살아남은 것 같습니다.

이금례 자매님은 목베고니아를 닮으셨어요. 그분은 베고니아처럼 예쁘고 다정하셨고, 한편으론 강하셨습니다. 그분은 생활력이 강한 분이셨어요. 농사를 지으며 7남매를 낳아 키우신 그분은 절망이나 낙담을 모르는 분이셨습니다. 변변한 장난감 하나 살 수 없을 만큼 가난했던 시절, 그분은 작은 물레방아나 수레 같은 장난감을 아이들에게 직접 만들어 주셨어요. 공부에 뜻이 있는 아이들을 모두 도시로 보내 대학 교육을 받게 했습니다. 자식들에게 늘 바르게 살라고 가르치셨고, 작년에 돌아가실 때까지 손주들을 보살피셨어요.

며칠 전 이금례 자매님의 둘째 아드님을 통해서 그분이 작년에 돌아가셨다는 것을 알게 되었습니다. 갑자기 정신이 번쩍 들었습니다. 베란다로 가 목베고니아 화분들 흙 위에 영양가 있는 흙을 얹어 주었습니다. 이금례 자매님을 생각한다면 베고니아를 홀대해서는 안 되지요. 또 예쁘고 풍성한 꽃을 즐기려면 그에 상응하는 대가를 치러야 합니다. 노력이나 희생도 없이 좋은 결과를 바라는 건 어리석다 못해 좀 뻔뻔한 거라는 생각도 들고요.

이금례 자매님의 마음과 사랑을 생각해서라도 목베고니아를 잘 키워야겠습니다. 목베고니아를 보며 강인한 생활력과 적응력을 배워야겠습니다. 목베고니아처럼 예쁜 삶의 꽃을 피우고자 노력해야겠습니다.

 천키

나를 지지해 주는 친구

다육이들은 물을 잘 먹지 않으니까 호스 물이 닿지 않는 베란다 먼 구석에 모아 놓았어요. 그런데 안 보면 멀어진다는 말이 맞습니다. 다육이 동네를 잘 안 가다 보니 다육이들이 곤란에 처해 있어도 모를 때가 태반입니다.

오랜만에 다육이들이 어떻게 지내고 있나 베란다 다육이 동네에 가 보았어요. 아이고, 작은 화분에서 몇 년간 살아온 천키가 위험에 처해 있었습니다. 큰 머리통 때문에 중심을 잃고 한쪽으로 기울어진 천키는 여차하면 뽑힐 것 같았습니다. 천키를 붙잡아 주는 친구가 없었습니다. 천키는 허리가 굽은 채 뿌리에 힘을 주고 간신히 버티고 있는 것 같았어요.

천키를 좀 크고 긴 화분으로 옮겨 주었습니다. 친구들도 마련해 주었습니다. 천키가 중심을 잡도록 잎 사이로 지지대를 꽂아 주었어요. 작은 숯 조각을 가져다가 천키 등허리를 받쳐 주었습니다. 천키는 그 든든한 숯 조각 친구에게 기대게 되었습니다. 벌써 숯 조각 친구에게 자기가 그동안 얼마나 힘들었는지 이야기하는 것 같습니다. 천키는 이제 맘껏 뿌리를 내리고 안정감 있는 삶을 살 수 있게 되었습니다. 비록 베란다 구석에 살고 있지만, 천키는 머리가 더 커져도 될 만큼 큰 꿈을 꿀 것 같습니다.

행복해진 천키를 바라보며 저도 저의 친구들을 생각합니다. 제가 슬프고 힘들 때 충고나 조언을 하기보다는 저의 편에 서서 제 이야기를 들어 주고 공감해 주고 함께 울어 주는 친구들을 생각합니다. 편안하게 기댈 수 있는 든든한 친구들을 생각합니다. 함께 있을 때 안전하게 느껴지는 친구들을 생각합니다. 제가 힘들 때 중심을 잃지 않도록 기도해 주는 친구들을 생각합니다. 제 시와 산문을 읽어 주고 격려해 주는 친구들을 생각합니다.

그러고 보니 그 친구들 대부분은 오래된 친구들이군요. 특별한 인연을 생각하면, 우리는 어쩌면 이 세상에 오기 전부터 친구였는지도 모르겠습니다. 전생에 나라를 구하면 훌륭한 아내를 얻는다고 하던데, 저는 전세[6]에서 무슨 일을 했기에 이렇게 좋은 친구들을 얻게 되었을까요?

---

6) 이 지구에 오기 전 우리는 영으로서 하나님 아버지와 함께 살았다. 우리는 지상 생활을 통해 삶의 기쁨을 누리며 하나님께 자기의 성품과 신앙을 입증한다. 우리는 죽은 뒤에 낙원과 영옥으로 나누어진 영의 세계로 가고, 그 후에 부활하여 하나님 앞에 심판받는다. 심판받은 후, 예수 그리스도의 복음을 받아들이고, 구원에 필요한 복음 의식을 받은 사람은 해의 왕국(해의 영광)에 갈 수 있다. 이것이 나의 믿음이다.

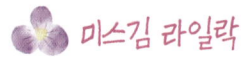 미스김 라일락

믿음으로

　일 년 내내 베란다에서 꽃을 보고 싶은 게 저의 작은 욕심입니다. 다행히 7월이 되어서도 우리 집 베란다에는 꽃이 있습니다. 호접란 꽃이 하나둘 피어나고 있고, 꽃기린 꽃도 피어 있고, 목베고니아 꽃도 피기 시작했습니다. 그러나 베란다 한쪽의 다육이 동네에 모여 있는 다육이들은 꽃은커녕 보기 싫게 웃자란 채 간신히 마른장마를 견디고 있었습니다. 전 미뤄 오던 결정을 했습니다. 볼 때마다 속이 상하던 다육이들을 정리하고 꽃이 피는 화초를 그 자리에 들이자고요.

　그래서 사들인 화초 중 하나가 바로 미스김 라일락입니다. 저는 인터넷 쇼핑몰에서 화초 상품들을 구경하다가 어떤 농원에서 올린 미스김 라일락 사진에 꽂히게 되었습니다. 작은 연보라색 꽃들이 화사하게 무리 지어 핀 그 모습이 어찌나 예쁘던지 얼른 장바구니에 담았습니다. 그때 저는 라일락이 5월에 핀다는 사실을 깜박했습니다. 연보라색 꽃만 생각했던 거지요. 그래서 미스김 라일락이 배송

되었을 때, 가느다란 가지에 작은 잎만 군데군데 달려 있는 미스김 라일락을 보고 깜짝 놀랐습니다. 아니, 꽃은 다 어디로 가고?

그러고 보니 미스김 라일락에 대해 아는 게 너무 없었습니다. 이름이 보여 주듯이 이것도 라일락이니까 5월쯤에 꽃이 필 거라는 것을 미처 생각지 못했고, 물을 어떻게 주어야 하는지도 몰랐습니다. 이름이 왜 미스김 라일락인지도 궁금했습니다. 전 네이버 지식iN에 미스김 라일락을 키우는 방법과 그것의 개화 시기를 물어보았습니다. 그리고 미스김 라일락에 대해 좀 더 알아보았습니다.

시사 상식 사전에 의하면, 미스김 라일락은 1970년대부터 미국에 로열티를 내고 종자를 수입하는 화초이지만, 그 이름에서도 알 수 있듯이, 원래는 우리나라 토종 식물이었다고 합니다. 1947년 한 미국인이 북한산에서 털개회나무(수수꽃다리)의 종자를 채취해서 미국으로 가져가 원예종으로 개량하면서, 한국에서 같이 근무했던 미스 김의 이름을 따서 그 식물에 이름을 붙였다고 합니다.

우리나라에서 가져갈 때는 돈도 안 주었으면서, 그걸 개량해서 다시 우리나라에 돈을 받고 판다니 참으로 맹랑하네요. 그건 그렇고, 미스김 라일락은 키가 작아 가정에서 키우기 쉽고, 추위에도 강하다고 합니다. 통풍이 잘되는 곳에 두어야 하고, 겉흙이 완전히 말랐을 때, 물을 주어야 합니다. 꽃은 일 년에 한 번, 5월에 핍니다. 무엇보다 놀라운 정보는 가을에는 잎이 다 떨어진다는 것이었습니다. 아주 가느다란 가지만 남는다는 것인데, 이걸 몰랐다면 저는 아마 늦가을에 미스김 라일락을 버렸을 것입니다.

우리 베란다에는 베란다 환경과 저에게 잘 적응하는 식물들만 살고 있습니다. 직장이나 일상생활에서 오는 스트레스도 많은데 화초들 때문에 속 썩기 싫어서 물 때를 놓쳐 버리면 죽어 버리는 율마 같은 까다로운 화초는 아예 키우질 않습니다.

저는 식물들을 잘 키우진 못해도 기본적인 것은 해 줍니다. 미스김 라일락에게도 기본적인 것을 해 줘야지요.

미스김 라일락이 과습을 싫어한다니 화분부터 바꿔 줘야 하겠습니다. 숨구멍이 있어서 통풍이 잘되는 토분을 하나 사다가 배수가 잘되도록 마사토를 1/3쯤 깔고 심어 줘야겠습니다.

저의 몫은 기다림입니다. 10개월을 기다려야 꽃을 볼 수 있습니다. 내년 5월까지 산다는 보장도 없는, 처음 키워 보는 화초를, 어쩌면 가을에는 잎을 다 떨구고 죽은 듯이 보일 그 아이에게 물을 주며, 길다면 길 수도 있는 시간을 기다려야 할 것입니다.

우리 베란다에는 꽃을 일 년에 한 번만 피우는 식물들이 좀 있습니다. 저와 그 식물들 사이에는 믿음이 존재합니다. 오랜 세월 쌓아 온 신뢰가 우리 사이에 있습니다. 그 식물들은 제가 자기들을 돌보아 주고 사랑해 주리라고 믿고 있습니다. 저는 그 식물들이 때가 되면 꽃을 피울 것이라는 믿음을 갖고 있습니다. 그 화초들이 꽃을 피울 때를 기다리는 것이 어려운 적이 없었습니다. 그 시간이 길게 느껴진 적도 없었습니다.

꽃도 본 적이 없는 미스김 라일락과 저 사이에는 아직 그런 믿음이 형성되지 않았습니다. 견고한 믿음은 시간이 필요합니다. 우리 사이는 믿음보다는 불안감이 더 큰 상태입니다. 하지만 저는 내년 5월이면 미스김 라일락이 꽃을 피우리라 믿으며, 미스김 라일락의 꽃이 활짝 핀 모습과 라일락 향기를 상상하며 미스김 라일락을 키울 것입니다. 믿는 마음으로 5월이 오기를 기다릴 것입니다. 하나님과의 관계에서 경험해 본 "믿음은 바라는 것들의 실상이요 보이지 않는 것들의 증거"[7]라는 것을 미스김 라일락과의 관계에서도 경험해 보고 싶습니다.

---

7) 히브리서 11장 1절.

 파키라 |

필사적으로 하늘 바라보기

장마가 50일 넘게 계속되었습니다. 장마가 끝나자마자 저는 베란다 화분들을 점검했습니다. 과습으로 죽은 식물도 있긴 했지만, 생각보다 화초들 상태가 그렇게 나쁘지는 않았습니다. 하지만, 파키라는 상태가 안 좋았습니다. 누렇게 뜬 이파리들도 있고, 잎끝이 작은 거미줄같이 변한 것도 더러 있었습니다. 뭔가 조치를 취해야 할 것 같았습니다.

파키라는 이산화탄소를 제거하는 능력이 뛰어나 공기 정화 식물로 사랑받는 식물입니다. 몸통 줄기는 마치 갈색 방앗공이처럼 생겼고, 그 굵은 줄기에서 뻗어 나온 가지에는 큰 잎들이 풍성하게 달려 있습니다. 원산지가 남아메리카라서 그런지 전체적인 풍모가 상당히 이국적입니다. 무엇보다 잎이 크고 넓어서, 그 잎만 쳐다보아도 마음이 넓어지는 기분이 들곤 합니다. 우리 집 파키라는 키도 2미터 넘게 커서 여름 땡볕이 쏟아질 때는 주변의 키 작은 화초들의 그늘이 되어 주기도 합니다.

그런데 저는 사실 파키라 잎의 뒷면만 보고 삽니다. 파키라는 햇볕을 좋아해서 늘 해를 향해 잎을 펼치고 있습니다. 한번은 잎의 앞면을 보고 싶어서 그 큰 화분을 180도 돌려놓은 적이 있습니다. 하지만 잎들은 어느새 다시 창밖 하늘을 향해 돌아가 버렸습니다. 저는 작년의 실수가 떠올라 파키라 잎들의 뒷면만 보고 살기로 했습니다. 작년에 그런 행동을 했다가 화초가 죽은 적이 있거든요.

작년 여름에 저의 지인이 크롬네아라는 식물의 줄기를 몇 개 잘라서 제게 주었습니다. 저는 그 줄기들을 물을 채운 생수병에 해 쪽으로 꽂아서 베란다에 두었습니다. 손톱만 한 이파리들이 풍성해졌고 뿌리도 나오기 시작했습니다. 저는 크롬네아를 화분에 옮겨 심고 해 잘 드는 곳에 두었습니다. 화분 밖으로 줄줄이 내려온 크롬네아의 잎들은 점점 무성해졌습니다. 어느 날 저는 이파리들의 얼굴을 보고 싶다는 욕심에 화분을 180도 돌려서 그 무성해진 줄기들이 거실 쪽을 향하도록 했습니다. 그러자 줄기들은 그대로 거실 쪽으로 내려와 있는데, 잎들이 해 쪽으로 돌아가기 위해 꼬이고 뒤집히기 시작했습니다. 그리고 그 스트레스 때문인지 얼마 있지 않아 크롬네아는 죽어 버렸습니다.

파키라나 크롬네아처럼 필사적으로 해를 바라보는 식물들을 보면 '나도 필사적으로 하늘을 바라보며 살고 있는가?' 하고 반성하게 됩니다. '밝고 긍정적인 빛으로 내 안을 채우며 어둡고 부정적인 것들의 유혹을 이겨 내고 있는가?' 하고 자신을 돌아보게 됩니다. 거실을 향하도록 방향을 바꾸어 놓은 파키라의 잎들이 다시 하늘을 향해 돌아가듯이, 나는 나의 하루하루를 하늘 아버지의 뜻에 맞추고자 애쓰고 있는가, 올바른 방향을 찾을 만한 회복력을 여전히 갖고 있는가 생각해 보게 됩니다.

저는 파키라의 상한 이파리들과 지나치게 큰 이파리들을 따 주면서, 잠시 파키라가 되어 봅니다. 저의 지향점인 하늘을 바라보며 생각에 잠깁니다. 오늘날 우리에게 필요한 것은 삶의 목표이자 삶의 원천이 되어 줄 올바른 지향점을 선택하는 지혜, 그 지향점을 향해 묵묵히, 꾸준히 걸어가는 의지, 완벽하지 못해 때때로 흔들리더라도 그 지향점을 잃지 않고 일어나 다시 그곳을 향하는 회복력, 늘 변함없이 그 지향점만 바라보는 충실함, 매일매일 지향점에 자신을 맞추려는 노력 등이 아닐까 하고 생각해 봅니다.

 **파키라 2**

실수를 아름답게 바꿔 주시는 하나님

베란다가 없는 북서향 집으로 이사 오면서 족히 80개는 될 화분을 이웃에게 시간차를 두고 나눠 주었어요. 그러나 화월과 파키라와 몇 개의 화초는 데리고 왔습니다. 햇빛이 부족하면 식물 등을 사서라도 키워야겠다고 생각했죠.

20년 가까이 파키라의 집이 되어 준 대형 회색 화분은 통기성이 좋은 화분이었지만, 거실에 놓기에는 너무 크고 오래돼서 저는 하얀 플라스틱 화분을 구매했어요.

그리고는 파키라를 원래 화분에 있던 약간의 모래와 흙과 함께 그 화분에 옮겨 넣고, 집에 있는 흙을 섞어서 채워 넣었어요. 그리고 키가 너무 크다고 생각해서 이파리들이 달린 줄기 끝을 자르고 이파리 몇 개만 남겨 놓았습니다.

파키라는 한참 후 가늘고 끝이 우그러진 새잎을 내놓았는데, 그것은 손을 쫙 펴지 못하는 사람의 손 같았어요. 그리고 이파리는 누렇게 뜨고 구멍이 사방에 났고요. 게다가 진딧물 같은 것들이 파키라 화분에 꼬였어요. 파키라는 버려질 운명에 처했습니다.

아차 싶더라고요. 그때 "영적인 것이나 현세적인 것이나 너희에게 필요한 것을 무엇이든지 구하며," "너희의 모든 양 떼를 위해 그에게 부르짖으라."[8]라는 경전 구절이 생각났어요. 저는 무릎을 꿇고 하나님 아버지께 기도했어요. 파키라를 살려 달라고요. 제가 실수한 것 같다고요.

하나님께 기도하면서 파키라의 집과 환경이 바뀌어서 파키라가 이렇게 됐냐고 여쭈었어요. 통기성이 좋지 않은 플라스틱 화분을 쓴 것, 영양이 없는 흙으로 화분을 채운 것, 거실 모서리에 세워 놓은 것, 줄기를 자르고 이파리들을 너무 많이 없앤 것이 문제가 되는지 여쭈었어요. 그러면서 제가 어떻게 해야 하는지 여쭈었어요. 인도해 달라고 부탁드렸어요.

문득 물을 너무 자주 너무 조금 준 것이 문제일 수 있겠다는 생각이 들었어요. 더 이상 남향 베란다에 있는 것도 아닌데, 일주일에 한 번씩 물을 줄 필요는 없었거든요. 거실 마룻바닥으로 물이 흘러나올까 봐 물 조리개 한 번 분량만 주다 보니 뿌리를 충분히 적셔 주지 못한 것도 주요 원인 같기도 했고요.

---

8) 앨마서 7장 23절, 34장 20절

저는 그 후로도 간절한 기도를 몇 번 했고, 가만히 앉아서 파키라가 살아나길 기다린 것이 아니라, 교회에서 배운 대로 했어요. 우선 연구하라는 가르침대로 파키라에 관해 연구했어요. 그다음에는 새롭게 알게 된 것을 실천했고요.[9]

화분에서 윗부분의 흙을 상당량 덜어 내고 새 흙으로 채웠어요. 식물에 뿌려 주면, 광합성 효과가 난다는 식물 영양제를 일주일에 세 번 전체적으로 뿌려 주었어요. 실내로 들어오면서 받아야 할 햇빛의 양이 준 데다가, 광합성을 할 이파리가 거의 없는 파키라에게는 그 영양제가 필요할 것 같았어요. 이 주일에 한 번 영양제를 넣은 물을 물 받침대에 물이 고일 정도로만 조심스럽게, 그러나 뿌리를 적실 만큼 충분히 주었어요. 통풍이 잘되는 창가에 세워 두었고, 진딧물이 앉지 못하도록 이파리에는 과산화수소수를 섞은 물을 뿌렸고, 해충을 막아 준다는 약을 화분 안쪽에 발랐어요.

---

9) 기도의 응답은 여러 가지 방식으로 온다. 기도의 내용과 상황에 따라 다르지만, 하나님께서는 경전을 통해 대답하실 때가 많다. 또 선택의 상황에서 내가 옳은 것을 선택해 여줄 때는, 마음이 따뜻해지고 위안과 평안의 느낌으로 응답이 온다. 분명 하늘은 열려 있기에, 개인적 계시로서 기도의 응답이 와야 하는데, 어떤 땐 아무 느낌이 없을 때가 있다. 그럴 때는 문제 해결을 위해, 옳은 방향으로 인도받기 위해 기도하고, 연구한다. 그렇게 내가 해결책을 모색해 갈 때 하나님은 나를 지지해 주실 것이며, 옳은 길로 인도하실 것이다. 만일 내가 잘못된 길을 선택하면, 진로 수정에 필요한 영감을 주시고 다른 방법으로 도움을 주심으로써 옳은 길로 인도하신다. 그 과정을 통해 나는 좀 더 발전하게 되고 하나님과 더 가까워지게 된다.

최선을 다하며 저는 하나님의 자비로운 손이 어떻게 펼쳐질지를 기대하며 기다렸습니다.

파키라는 결국 살아났고, 새로운 가지가 나왔으며, 금방 잎이 무성해졌어요. 오히려 예전의 파키라보다 더 생생하고 더 야무지고 더 규모가 있어 보여요. 작은 해충들도 화분에서 사라졌어요. 저는 제 기도를 들으시고, 길을 보여 주시고, 저의 실수를 아름답게 바꿔 주신 하나님께 감사 기도를 드렸습니다.

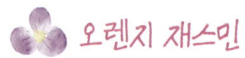 오렌지 재스민

환경이 아닌 꿈에 초점을 맞추자

이 장마철에 오렌지 재스민이 꽃을 피웠습니다. 비가 40일 넘게 내리다 보니 습도가 너무 높고 모든 게 끈적거려서 불쾌하기 짝이 없는 데다, 수재민 소식에 우울하기만 한데, 키가 15cm도 안 되는 작은 나무 오렌지 재스민이 신통하게도 하얀 꽃을 피웠습니다.

'오렌지'와 향기로운 식물 '재스민'이 합해진 그 이름부터가 너무 향기로워 저는 오렌지 재스민을 처음부터 좋아했어요.

하지만 그 아인 더디 자랐어요. 이파리는 좀 늘어났지만 키는 거의 크지 않았습니다. 베란다에서 겨울을 잘 이겨 냈지만 그걸 당연하게 여기는 주인은 별 칭찬도 해 주지 않았습니다. 더군다나 베란다 여기저기에서 화려하고 예쁜 꽃이 많이 핀 봄에는 아예 잊히기도 했습니다.

그런데 이 장마철에 꽃을 피우다니, 암만 생각해도 오렌지 재스민이 신통합니다. 오랫동안 햇볕을 쬐지 못해 키 큰 파키라도 고무나무도 기운이 없고 카멜레온과 채송화는 꽃을 피우기는커녕 다 죽어 가는데, 그 아이는 꽃을 피웠으니까요. 조금만 신경을 안 쓰면 집 안에 곰팡이가 필 정도로 사람이고 식물이고 견디기 힘든 습한 환경에서 그 아인 오히려 자기만의 노하우로 향기로운 꽃을 만든 거지요. 어쩌면 체구가 작아서 햇빛도 조금만 필요한 건지도 모르겠습니다.

오렌지 재스민이 꽃을 피운 날, 페이스북(공부자극)에서 개그맨 김병만 씨 얘기를 읽었어요. 「개그콘서트」에서 '달인'으로 활약했던 김병만 씨는 자기가 '실패의 달인'이었다고 고백했습니다.

그는 개그콘서트에서 미각을 잃은 달인으로 나와 엄청 매운 고추와 고추냉이를 먹으며 눈물을 흘리면서도 안 맵다고, 못 느낀다고 허세를 부리며 우리에게 웃음을 선사했었죠. 또 작고 다부진 몸매로 사다리의 달인, 평균대의 달인, 차력의 달인, 추위를 못 느끼는 달인 등의 모습을 보여 주면서 웃음과 함께 삶에 대한 도전 정신을 일깨워 주기도 했었습니다.

그런 그가, 아니 지금은 유명한 예능인이 된 김병만 씨가 자신은 실패의 달인이었다고 고백합니다. 그는 개그맨 시험에 7번, 백제대 방송연예과를 3번, 서울예전 연극과를 6번 떨어졌고, 전주우석대도 떨어졌다고 했어요. 그는 삶을 포기하려 한 적도 있었고, 어느 날엔가는 아버지에게 왜 자기를 이렇게 작게 낳았냐고 대든 적도 있었답니다.

그는 "가늘고 길게 가자. 어떤 단역도 주저하지 말고 소명처럼 받들자. 그러나 절대 쉬지 말자."를 신조로 성실하게 살았습니다. 좌절

할지언정 결코 포기는 하지 않았습니다. 자신이 맡은 일에 최선을 다했습니다.

어느덧 그의 작은 키는 오히려 '개그맨으로서 성공할 수 있는 가장 큰 무기'가 되었습니다. 그는 "절대 포기하지 말고 매 순간 자신의 꿈을 위해 묵묵히 걸어가세요."라고 우리에게 조언합니다.

꽃이 졌기에 오렌지 재스민을 분갈이해 주려고 화분에서 꺼내 보니 뿌리가 너무 풍성해서 깜짝 놀랐습니다. 이제 보니 보이지 않는 곳에서 자신의 능력을 키우고 있었던, 저력 있는 식물이었군요. 뿌리를 보니 앞으로 잎도 꽃도 풍성하게 달릴 것 같아요. 베란다 창으로 스며드는 추위에도 장마에도 굴하지 않고, 주인의 무관심에도 실망하지 않고, 오렌지 재스민은 뿌리를 튼튼하고 풍성하게 키우며 자신의 날을 기다려 왔군요.

비록 작은 키이지만 그 향기가 거실까지 들어올 만큼 진한 향기를 뿜어내는 꽃을 피워 자신의 존재를 알리고, 그 작은 체구에 녹색 열매까지 만들어 내는 오렌지 재스민을 대견하게 생각하며 토분에 심어 주다 보니 문득 김병만 씨가 떠오릅니다.

그래요. 자신의 약점이나 좋지 못한 환경에 불만하지 말고 자신의 꿈에 초점을 맞추고 살아야겠습니다. 자기의 약점이나 환경에서 비롯되는 자기만의 경험을 살려 도전하고 성실하게 노력하면서 자신의 잠재력을 키우다 보면, 언젠가는 그 잠재력을 실현할 날이 올 거예요. 어느 날 문득 자신의 삶을 뒤돌아보면서, 자신의 약점이 오히려 성공의 발판이 되고 강점이 되었다는 것을 깨달을 때가 올 것입니다.

제3장

가을

지금의 너를
기쁨으로 품으리

 벤저민

영향

아널드 슈워제네거가 주연한 영화 「토탈 리콜」을 보고 나와 저도
모르게 쿵쿵쿵 씩씩하게 걸은 적이 있습니다. 영향을 받은 거지요.

그 후 20여 년이 흘렀습니다. 저는 그동안 자신이 단단해졌다고
생각했습니다. 주관도 뚜렷해지고, 쉽게 영향받을 만큼 여리지도 않
다고 생각했습니다. 의식적으로 판단하고 행동할 수 있고, 제 의지
로 무엇이든 선택하고 결정할 수 있다고 생각했습니다. 벤저민을 다
듬어 주기 전까지는요.

벤저민은 우리 집에서 제일 나이 많은 나무입니다. 친정어머니가
주신 지도 벌써 이십 년이 넘었으니, 나이가 서른 살도 더 되었을 거
예요. 처음부터 허리가 조금 휜 채로 다 큰 상태로 왔는데, 분갈이를
해 주지 않아 그렇게 크게 자라진 않습니다. 그래도 가끔 다듬어 주
어야 합니다.

잎이 어수선하게 올라온 벤저민을 볼 때마다 다듬어 줘야지 하고
벼르다가, 얼마 전에야 다듬어 주었습니다. 평촌에 있는 한의원에

갔다 온 날이었습니다. 벤저민의 가지를 열심히 살라 주고 거실로 들어와 베란다를 내다본 저는 깜짝 놀랐습니다. 벤저민의 머리가 큰 깍두기같이 네모나게 변해 있었습니다. 항상 둥근 모양으로 잘라 주던 제가 왜 그렇게 했는지 스스로 깜짝 놀랐습니다.

평촌의 가로수가 떠올랐습니다. 평촌에 갈 때마다 가로수들의 모습이 다른 도시와 달라 신기하게 생각했었습니다. 안양시는 가로수를 사시사철 길쭉하고 네모난 모양으로 다듬었습니다.

바로 그거였습니다. 저도 모르게 평촌 가로수들의 영향을 받은 것입니다. 그날도 잎이 성글고 네모난 가로수들이 늦가을의 평촌 거리에 늘어서 있었습니다.

무의식적으로 말하고 행동할 때가 얼마나 많은지요! 보고, 듣고, 읽고 하면서 우리는 자신도 모르게 영향을 받습니다. 인간은 어쩌면 무의식의 지배를 더 많이 받는지도 모르겠습니다. 아무리 어른이라 하더라도 항상 의식적으로 행동하거나 자기 자신을 완벽하게 통제하기는 불가능합니다. 하물며 어린아이들은 말할 것도 없겠지요.

무엇을 보고, 듣고, 읽을 것인가, 그것은 삶의 중요한 문제입니다.

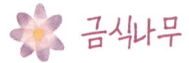 금식나무

새로운 삶을 시작하기

　우리 집 금식나무가 상한 잎, 병든 잎, 꼬인 가지를 버리고 새로운 삶을 시작했습니다. 그동안 쌓아 온 노력의 결과도 미련 없이 버리고, 묵은 시간도 모두 털어 버리고, 어릴 때처럼 작아지고 가벼워졌습니다.

　우리 집에 온 지 몇 년이 지나도록 금식나무는 한쪽으로만 자랐습니다. 화분의 방향을 돌려놓아도 균형을 잡지 못했습니다. 금식나무를 쳐다보면 편견, 편향 등의 단어가 떠올랐습니다. 금식나무는 무엇에 그렇게 경도되었던 걸까요? 해일까요? 바람일까요? 아니면 창밖의 자유일까요? 금식나무는 가지도 심하게 꼬였습니다. 그 가지를 풀어 주고 싶지만 이젠 커 버린 탓에 풀어 줄 수가 없었습니다. 잘못하다간 줄기가 끊어질 수도 있었으니까요.

　몇 달 전부터는 이파리 몇 개가 끝이 말리면서 까맣게 변해 갔습니다. 좋은 흙을 얹어 주어도 외양은 변하지 않았습니다. 속 깊은 곳에서부터 상한 모양입니다.

저는 결단을 내렸습니다. 금식나무에게 새로운 삶을 살 기회를 주기로 했습니다. 우선 자리를 다른 곳으로 옮겨 환경부터 바꿔 주었습니다. 그리고 까맣게 병들고 상한 잎과 꼬인 가지와 한쪽으로만 자라는 줄기를 과감히 다 잘라 주었습니다. 변화는 속 깊은 곳에서부터 시작된다는 것을 알기 때문입니다.

일주일이 넘도록 헐벗은 금식나무에게서 아무 일도 일어나지 않아, 걱정이 되었습니다. 그러나 곧 싹이 돋아났습니다. 봄도 아닌데 그 싹들은 빨리 자랐습니다. 이제 금식나무는 중용의 미덕과 균형 감각을 보여 줄 것입니다. 이파리가 까맣게 타지도 않을 것입니다. 해묵은 시간을 달고 무거운 삶을 계속할 필요도 없습니다. 꼬인 삶을 사느라 힘든 시간을 보낼 필요도 없습니다.

아주 밑에까지 자를걸 그랬나 생각도 듭니다만, 이 정도 구부러진 건 용납하기로 했습니다. 개성으로 인정해 주고 싶습니다.

저도 금식나무처럼 새로워지고 싶습니다. 편협해진 시각과 상한 마음, 부정적으로 꼬인 생각을 털어 버리고, 새로운 삶을 시작하고 싶습니다. 삶에서 균형을 잡고 싶습니다. 쉽진 않겠지만, 자르고, 털어 버리고, 돌아서서 어린아이처럼 낮아지고 순수해지고 단순해지고 싶습니다.

햇빛에 빛나는 금식나무의 새 이파리들을 보고 있자니 눈이 부셔 눈물이 납니다.

 우주목

성취감은 또 다른 시작의 힘

거창한 이름과는 달리 그 이름의 소유자는 너무 소박한 경우가 많지요. 우리 집 우주목 역시 그렇습니다.

우주목은 줄기 모양이 들쑥날쑥한 데다 줄기 끝이 묘하게도 바다의 강장동물 말미잘의 촉수를 닮았어요. 그런 모양이 기묘해 보여서 '우주목'이라는 이름이 붙은 걸까요?

우리 집 우주목은 흰솜깍지벌레에 시달려서인지 1년이 넘도록 자라는 게 시원찮았습니다. 이 우주목이 자랄 때까지 제가 잘 참을 수 있을지 한동안은 저 자신이 미덥지 않았어요. 다육식물을 잘 모르는 제가 어느 날 화분대가 비좁다는 이유로 우주목을 뽑아 버릴 것 같았어요. 이렇게 작은 게 언제 클까, 더군다나 언제 죽을지 모르는데, 그렇게 신경을 써야 할 필요가 있을까 하는 회의감도 들었습니다.

하지만 베란다 끝에 서 있는 화월이를 보면 생각이 달라집니다. 화월이도 처음엔 무척이나 작았고 더디 크는 다육이였어요. 장마철에는 과습 때문인지 베란다 구석에서 다 죽어 간 적도 있었고요. 그런 화월이가 살아나 몇 번의 분갈이 끝에 지금은 나무처럼 자랐습니다. 몸통이 키 큰 파키라 비슷하게 굵습니다.

화월이가 그만큼 클 때까지 저는 화월이를 많이 참아야 했고, 믿어야 했고, 도와주어야 했습니다.

맘껏 자란 화월이를 볼 때마다 저는 뿌듯함을 느낍니다. 화초에 대한 지식도 부족한 제가 화월이 양육을 잘 해낸 것 같아 성취감마저 느낍니다.

인생에서 성취감은 매우 중요합니다. 성취감은 새로운 시작의 첫 걸음이기 때문이에요. 학생들이 문제집을 풀어 보고 싶다고 하면, 저는 아주 얇은 책을 선택하라고 합니다. 얇은 책을 선택해 떼고 나면 성취감을 느낄 수 있고, 그런 기분은 자신감으로 이어지기 때문이죠. 한 가지 일을 완수한 데서 오는 성취감과 자신감은 다음 일을 시작할 중요한 첫걸음이 되어 줍니다. 다음 단계로 나아갈 힘이 됩니다.

화월이를 보면, 한번 해냈기 때문에 이번에도 할 수 있지 않을까 하는 생각이 듭니다. 우주목이 비실비실하긴 하지만 그래도 화월이처럼 햇빛 잘 드는 곳에 두고 기다리면 괜찮아지지 않을까, 화월이처럼 살아남아 천천히 자라지 않을까 하는 기대감이 생깁니다.

참는 게 그렇게 어려운 건 아닙니다. 물 주기, 벌레 없애 주기와 같은 최소한의 도움 외에는 우주목에 대한 불필요한 참견을 줄이고, 그냥 저의 일을 열심히 하면 됩니다.

그래도 노파심에 우주목의 줄기를 하나 떼 내어 다른 화분에 심습니다. 혹시 우주목이 죽으면 새끼라도 잘 키워 보고 싶어서입니다.

 제라늄

단출하고 예쁘게 살 수 있다면

고맙게도, 우리 집 제라늄들은 일 년 내내 꽃이 핍니다. 제라늄의 꽃말이 '그대를 사랑합니다', '그대가 있어 행복합니다'라던데, 정말 제라늄이 있어서 행복합니다.

우리 집에는 키우기 쉽고, 쉽게 눈에 띄는 식물들만 있습니다. 제라늄도 그중 하나입니다. 일주일에 한 번씩 물만 주는데도 꽃기린과 함께 한겨울에도 꽃을 피웁니다. 꽃기린과 제라늄 덕분에 우리 집에는 꽃이 없을 때가 없습니다.

오늘은 세 개의 제라늄 중 흰 화분의 제라늄을 들여다봤습니다. 빨간 꽃들이 참 예쁩니다. 아, 그런데 한 대가 꽃을 달고서 뒤로 자빠져 있었습니다. 또 다른 대는 다른 나무에서 떨어진 나뭇잎을 힘겹게 지고 있었습니다.

우선 그 나뭇잎을 끄집어내 부담을 덜어 주었어요. 자빠진 대는 똑바로 설 수 있도록 지지대를 꽂아 주었어요. 진 꽃잎과 불필요한 누런 잎도 따 주었습니다. 제라늄은 간결해지고 균형 잡힌 외형을 갖게 되었습니다. 잎을 따 준 손에서 제라늄 향기가 났습니다.

문득 제 물건들도 정리 좀 해야겠다는 생각이 들었습니다. 오래된 립스틱도 버리고, 지난여름에 입지 않은 옷들도 재활용 통에 넣어야겠습니다. 이번 가을, 겨울에 입을 자신이 없는 옷들도 과감히 정리해야겠어요. 유효기간이 지난 식품이나 약품은 없는지 살펴봐야겠습니다. 책도 기부할 만한 데를 찾아 기부해야겠습니다.

그런데, 머릿속은 어떻게 정리해야 할까요? 불필요한 생각이나 기억을 어떻게 털어 버릴 수 있을까요? 부정적인 생각은 어떻게 잘라 버릴 수 있을까요? 가슴속 밑바닥에 붙어 있는 슬픔이나 회한은 어떻게 떼 낼 수 있을까요? 피곤한 인간관계는 어떻게 정리할 수 있을까요?

제라늄을 손질해 주듯이 그렇게 쉽게 감정과 생각과 기억과 관계를 정리할 수만 있다면 좋겠습니다. 버릴 건 버리고, 제라늄처럼 단출하고 예쁘게 살고 싶습니다.

오늘 밤은 기도를 오래 해야 할 것 같습니다.

 청페페

어떤 상황에서도 만족할 수 있는 사람

　사람들이 벽처럼 느껴진 날 오후 저는 공원을 거닐었습니다. 단풍이 들기 시작한 나무도 보이고 아파트와 도서관도 보이고 사람들도 보였습니다. 그러나 그 모든 것들이 저와는 다른 차원에 존재하는 것 같았습니다. 저와 외부 세계 사이에는 투명한 가림막이 있는 것 같았습니다. 전 안개 속을 걷는 듯한 묘한 기분에 사로잡혔습니다. 헤세의 시 「안개 속에서」가 생각났습니다. 헤르만 헤세는 안개 속에서는 모두가 혼자라고, 나무와 돌도 외롭다고, 안개 속을 걷는 것은 기이한 경험이라고 읊었습니다.

　그날 제 삶에는 안개가 내렸나 봅니다. 짙은 안개 때문에 전 아무도 볼 수 없었고, 가슴속으로 한기가 스며들면서 외로움을 느꼈습니다. 마음의 문을 닫은 채 안개 속을 거닐며, 사람들이 있는데도 아무도 없는 듯한 기이한 경험을 했습니다. 안개 같은 우울한 습기가 저와 제 삶에 스며들었습니다.

　귀가해서 소파에 앉아 있다가, 거실 창가 테이블에 놓인 성경에서 바울의 말씀을 읽었습니다. "어떠한 형편에든지 나는 자족하기를 배웠노니 … 풍부와 궁핍에도 처할 줄 아는 일체의 비결을 배웠노라."[10]

부끄러웠습니다. '이 나이 되도록 나는 어찌하여 자족하기를 배우지 못했을까?' 하는 자책이 들었습니다. 바울이 '풍부'와 '궁핍'이라는 말을 경제적인 의미로만 쓴 것 같지는 않았습니다. 바울의 그 말은 정신적이고 사회적이고 영적인 의미까지도 함축하는 것 같았습니다. 바울은 소통이 잘되고 자신에게 공감해 주는 사람이 많을 때도, 적을 때도 자족할 줄 아는 비결을 배웠다고 말하고 있었습니다. 바울에게 그 '비결'은 무엇이었을까요? 아마도 예수 그리스도를 삶의 중심에 두는 것이었을 겁니다.

거실 창밖을 내다보았습니다. 베란다의 청페페가 눈에 들어왔습니다. 청페페는 플라스틱 화분에 있든, 도자기 화분에 있든, 낮이든 밤이든, 다른 화분에 있던 흙으로 심든, 새로운 흙으로 심든, 언제나 둥글둥글한 잎들을 반짝이며 자랐습니다. 그러고 보니, 청페페를 쳐다보며, 물을 너무 많이 준 거 아냐, 너무 적게 줬나 하는 걱정을 해 본 적이 없습니다. 우리 베란다에서 밤에까지 잎에 윤기가 흐르는 식물은 청페페밖에 없습니다. 청페페는 어떤 환경에도 개의치 않고 꿋꿋하게 밝은 모습으로 자기 할 일을 하고 있습니다. 푸른 잎을 늘

---

10) 빌립보서 4장 11~12절 중에서.

려 가며 저에게 반짝이는 기쁨을 선사하고 있습니다.

청페페야말로 바울을 닮은 식물인 것 같습니다. 청페페야말로 바울의 말씀대로 "비천에 처할 줄도 알고 풍부에 처할 줄도" 아는 식물입니다. 저도 바울처럼, 아니 청페페처럼 꿋꿋하고 의연하게 살고 싶습니다. 저를 이해해 주고 공감해 주는 친구가 옆에 있든 없든, 인생에 안개가 내리든 말든, 어떤 환경에 처하든 간에 마음의 평안을 잃지 않고 자족할 줄 아는 사람이 되어 윤기 있는 삶을 살고 싶습니다.

고무나무

삶의 지지대를 선택하는 기준

얼마 전에 오른쪽이 약간 내려앉은 의자에 앉아 영화를 보았습니다. 영화관에서 나오니 불 켜진 건물들이 기우뚱해 보였습니다. 불편한 걸 넘어서 몸이 잠시 적응했나 봅니다. 그런데 그다음 날 아침에 베란다를 내다보니, 고무나무도 한쪽으로 기울어 보였습니다. 어, 내 눈이 이상해졌나 얼른 나가 보았습니다. 고무나무가 기우뚱한 것은 지지대 때문이었습니다. 잘 붙들고 똑바로 크라고 고무나무에게 붙여 준 지지대가 왼쪽으로 기울어져 있었습니다. 지지대에 묶여 있던 고무나무도 당연히 왼쪽으로 기울어져 있었습니다.

무엇을 붙들고 사느냐 그것이 문제라는 생각이 들었습니다. 살아오면서 내가 의지한 철학이나 이론, 종교적 신념은 무엇이었나 돌아보았습니다. 방황하지 않고 똑바로 살며 도움까지 받으려면 올바르고 강한 것을 붙들어야 한다는 생각도 들었습니다.

이론과 사상과 연구 결과와 주의, 주장이 넘쳐 나는 세상입니다. 문제는 어떤 것이 절대적으로 옳은지 알 수 없다는 데 있습니다. 그렇다고 완벽하지 않은 우리가 자신의 생각만 갖고 살 수는 없습니다. 남의 영향을 받지 않고 살 수도 없습니다. 우리는 삶의 지지대로 무엇을 선택해야 할까요? 우리가 올바르고 안전하게 살기 위해 의지하고 붙잡아야 하는 것은 무엇일까요?

삶의 지지대를 선택하기 위해서, 다음 질문들을 생각해 보면 어떨까요?

삶의 목적을 알려 주는가?

따라서 살면 더 행복해지는가?

위로와 격려를 받을 수 있는가?

나와 가족을 안전하게 지켜 주는가?

따라서 살면 더 나은 사람이 되는가?

매일매일의 생활에 적용할 수 있는가?

더 나은 결정을 하도록 이끌어 주는가?

삶의 문제를 해결할 수 있도록 도와주는가?

모든 것을 걸고 붙들 만큼 의롭고, 강한가?

올바른 선택을 할 수 있는 기준이 되어 주는가?

삶의 고통과 어려움을 이해하고 극복하는 데 필요한 힘을 주는가?

이 모든 질문에 그렇다고 답할 수 있는 사상이나 종교적 가르침이 있다면, 그것은 우리 삶의 지지대가 되기에 충분하지 않을까요?[11]

저는 고무나무의 화분에 플라스틱 지지대를 똑바로 세우고 다시 한번 고무나무를 그 지지대에 단단히 묶었습니다. 화분의 방향도 돌려주었습니다. 지지대도 중요하지만, 그 지지대를 꼭 붙들고 하늘을 바라보며 흔들림 없이 살려고 노력하는 것도 중요하거든요.

---

11) 이 모든 질문에 그렇다고 대답하는 교회를 찾고 있던 나는 예수 그리스도 후기 성도 교회로 개종했다. 이 교회는 예수님이 지상에서 성역을 베풀 당시 세우신 교회의 조직과 교리를 회복한 교회이다.

 풍로화

부지런히 일하고 베풀자

풍로화는 야생화의 일종입니다. 풍로를 닮았다고 해서 이름이 풍로화로 붙여졌다고 해요. 풍로는 아래에 난 구멍으로 바람을 불어넣어 불을 피우는 작은 화로인데, 약을 달이거나 음식을 끓이는 데 쓰입니다. 작아도 연소가 잘되어 그 쓰임이 쏠쏠합니다. 풍로화 역시 기특한 화초입니다.

이 풍로화는 신통하게도 꽃을 거의 매일 하나씩 만들어 냅니다. 이쪽에서 꽃이 지면 저쪽에서 꽃이 핍니다. 얼마나 부지런한지 모릅니다. 꽃의 크기는 엄지손톱만 합니다. 연보랏빛 꽃잎에는 잠자리 날개 같은 무늬가 있습니다. 풍로화는 또한 줄기 끝에 자기를 꼭 닮은 복제물을 한 포기씩 만들어 줍니다. 그걸 포기째 따서 심으면 또 하나의 풍로화가 됩니다.

아침에 일어나서 베란다를 내다보면 풍로화가 눈에 들어옵니다. 항상 공부하고 연구하며 자기 계발에 힘쓰는 사람처럼 부지런히 일

합니다.[12]

우리는 자신이 하늘에게서 받은 달란트가 얼마이든, 지상 생활 동안 그 달란트를 활용해서 불려야 한다고 생각해요. 또 재능을 두 달란트 받은 사람이 네 달란트로 불리는 것은 다섯 달란트 받은 사람이 열 달란트로 만드는 것과 같다고 생각합니다.

영적으로든, 현세적으로든, 능력 있고 뛰어난 사람이 되어 가족에게는 물론 남에게 실질적인 도움을 주고 친절을 베풀 수 있다면 좋겠습니다.

예쁜 꽃을 매일 만들어 내는 풍로화는 "우리 주 예수 그리스도를 알기에 게으르지 않고 열매 없는 자가 되지 않게"[13] 노력하는 삶의 상징인 것 같아요.

토분 속에서 야무지게 꽃을 열심히 피워 내는 풍로화는 보기만 해도 기분이 좋아지는 화초입니다.

---

12) 우리는 부활할 때 몸만 부활하는 것이 아니라 우리가 이 세상에서 얻고자 노력한 지식과 예지도 같이 부활한다. "만일 어느 사람이 이생에서 자신의 부지런함과 순종을 통하여 다른 사람보다 더 많은 지식과 예지를 얻는다면, 장차 올 세상에서 그만큼의 유익을 얻으리라."(교리와 성약 130:19)
13) 베드로후서 1장 8절 중에서.

에피덴드로

화풀이 본능과 이타적 유전자

에피덴드로는 향은 없어도 봄철이면 빨갛고 예쁜 꽃을 피우는 서양란입니다. 추위에도 강하고 물을 자주 주지 않아도 되어 키우기 쉬운 화초입니다. 뿌리가 희고 깨끗하고 무게감이 없어서 튀밥을 길게 늘인 것 같습니다.

여름도 지나고 해서 에피덴드로를 다듬어 주려고 베란다로 나갔습니다. 에피덴드로 가까이에 간 저는 깜짝 놀랐습니다. 에피덴드로와 잎이 섞여 있는 군자란과 파키라 몸통 기둥 사이에 거미줄이 있었습니다. 거미는 군자란 잎 뒤에 숨어 있었습니다.

제가 에피덴드로도 다듬고 거미도 잡고 거미줄도 없애야겠다고 하자, 혹시 그 거미줄에 진딧물이나 깍지벌레 같은 해충들이 걸릴 수도 있으니까 내버려두라고 남편이 조언합니다.

서로 연결된 거미와 거미줄과 파키라와 군자란과 에피덴드로를 보면서 문득 우리의 삶도 이와 같다는 생각이 듭니다. 우리의 삶도 연결되어 있고 서로에게 영향을 미치기 때문입니다.

'나비 효과'라는 말이 있습니다. 브라질에서 나비가 날갯짓하면 텍사스에서 토네이도가 일어날 수도 있다는 건데요. 나비의 날갯짓 같은 작은 움직임이 엄청난 파급 효과를 낳는다는 이 말은 기상학은 물론이고 사회, 경제학 분야에서도 많이 쓰이고 있습니다. 미국의 서브프라임 모기지 사태로 인해 2008년 글로벌 금융 위기가 발생해 전 세계가 흔들렸던 것을 우리는 기억합니다.

그런 거창한 이야기 말고, 우리가 일상에서 겪는 파동에 대해 생각해 볼까요? 우리가 타인의 친절한 말과 행동을 경험하게 되면 기분이 좋아져서 우리 주변 사람들을 친절하게 대하게 됩니다. 그들은 우리들로 인해 기분이 좋아지고 세상에 대한 관점이 밝아져 좀 더 긍정적인 언행을 하게 됩니다. 불행히도, 불쾌한 말과 행동을 하는 사람을 우리가 만나게 되면 우리는 화가 나게 되고 언행도 거칠어집니다. 그리고 엉뚱한 사람에게 화풀이하게 됩니다. 우리의 잘못된 언행이 몇 사람 건너가 큰 사고의 원인이 될 수도 있습니다.

『화풀이 본능』이라는 책의 저자 데이비드 바래시, 주디스 이브 립턴은 화풀이가 가장 기이한 형태의 앙갚음이라고 말합니다. 복수나 보복과는 달리, 사람들이 자신의 화에 원인을 제공하지 않은 사람에게 화풀이를 하기 때문입니다. 즉 종로에서 뺨 맞고, 한강에 가서 화풀이를 하는 거지요. 그 책에 의하면, 동년배 간의 싸움에서 패한 개코원숭이 수놈은 젊은 수컷에게 화풀이를 합니다. 짜증 난 젊은 수컷은 암컷을 들이받고, 암컷은 새끼를 때립니다. 화가 난 새끼는 갓

난쟁이를 꼬집어 뜯습니다.

화풀이는 일종의 '고통 떠넘기기' 행동이라고 합니다. 남에게 화풀이함으로써 자신의 고통을 상대방에게 넘기며 스트레스를 푼다는 거죠. 희생양을 찾아서 집단적으로 공격하는 집단적 화풀이는 특히나 위험합니다. 집단적 화풀이는 인터넷상에서 자주 발생할 뿐만 아니라 심지어 직장에서도 발생합니다. 제 생각으로는, 불행한 사람들, 가슴속에 불만과 분노, 시기심과 질투심이 많은 사람들이 집단적 화풀이에 가담하는 것 같습니다. 그들은 만만한 사람을 희생양으로 선택해 비판과 인신공격과 험담과 다양한 괴롭힘으로 그 희생양을 공격함으로써 자신들의 스트레스를 풉니다. 그건 매우 불합리하고 비열하고 불공정한 일입니다.

인간에게는 화풀이 본능만 있는 건 아닙니다. 『이타적 유전자』의 저자 매트 리들리는 더 안전하고 더 좋은 사회를 만들고자 타인과 협동하고 타인에게 선행을 베푸는 이타적 유전자가 인간에게 있다고 합니다. 인간의 도덕성과 사회성은 '이타적 유전자' 명령으로 나타난다고 합니다. 물론 인간의 이타심은, 선행과 상호 부조, 협력으로 인해 사회가 더 안전하고 좋게 되는 것이 결과적으로 본인에게 더 유리하다는 이기적 계산에서 비롯된 것입니다. 그러나 사회진화론적 과정에서 추론되는 기원이나 동기가 어떻든 간에 타인에게 친절을 베풀고 타인과 협력하는 것은 우리의 본성입니다.

인생은 선택입니다. 화풀이 본능에 충실하여 무고한 타인에게 피

해를 줄지, 아니면 이타적 본성에 충실하여 세상을 좀 더 살 만하게 만들지 우리는 선택할 수 있습니다.

저는 서로 연결된 에피덴드로와 군자란, 파키라, 그리고 거미줄을 보면서 얽히고설킨 우리의 삶에 대해 생각해 봅니다. 저의 삶에 찾아오는 선한 영향력의 파동에 대해 생각해 봅니다. 공연한 화풀이로 타인에게 고통을 떠넘기거나 화를 전파하지 말자고, 집단적 화풀이에 합류하지 말자고 다짐해 봅니다.

인생의 황금기에 맺는 하늘 열매

화초고추는 말 그대로 화초용 고추입니다. 시골 밭에서 볼 수 있는 고추처럼 꽃도 피고 열매도 달립니다. 그런데 농작물로 고추의 열매는 땅을 향해 아래로 길어지는 것과는 달리 화초고추는 그 열매인 고추가 하늘을 향해 위로 뻗으며 자랍니다. 그래서 화초고추를 하늘고추라고도 합니다.

늦여름에 친정어머니의 베란다에서 우리 집 베란다로 이사 온 화초고추는 우리 베란다가 마음에 드는지 11월 초인 지금까지도 하얀 꽃을 피우고 있습니다. 화초고추의 꽃을 보고 열매까지 보려면 화초고추를 햇빛이 잘 드는 곳에 두어야 하고 너무 건조하거나 습하지 않도록 관리해 줘야 합니다.

오늘 화초고추를 들여다보며 이 꽃들이 지면 열매가 생기겠지, 그런데 화초고추는 사람으로 치면 나이가 몇 살일까 하고 생각했습니다. 워낙 키도 작고 줄기도 가는 화초라 어려 보이긴 하지만 이렇게 왕성하게 꽃을 피우는 걸 보면 사람으로 치면, 청년에서 중년 정도에는 해당하지 않을까 하는 생각이 들었습니다. 고추 열매를 생산하는 기간은 사람의 장년에, 사람들에게 고추를 제공한 뒤 쉬면서 새로운 삶을 모색하는 시간은 노년기에 해당하고요.

요즘은 학교에서도 학생들에게 생애 주기에 대해 가르치고, 수업 중에 자신의 생애를 설계해 보는 시간을 갖는다고 들었습니다. 어렸을 때, 아니, 젊었을 때 출생에서 사망까지의 여러 단계별 과정에 대해 생각해 보고 계획을 세워 보는 건 중요합니다. 그 과정을 통해 자기 삶에 대한 주체 의식과 책임감도 생기고, 삶에 대한 자세도 추스를 수 있을 테니까요. 개인으로서, 혹은 가족이나, 사회의 구성원으로서의 자신이 생애 주기별로 어떤 모습으로 살면 좋을지에 대해 고민해 보며 자신의 꿈을 구체화하고, 현실적으로 어떻게 준비하고 실현해 갈지에 대해 고민해 보면 좋을 것 같습니다.

젊었을 때 배우고 익히는 것들이 자립의 원천이기만 한 것이 아니라 결국엔 우리 삶의 열매가 됩니다. 너무 진부한 말이지만, 젊은이들이 기술을 익히고 지식을 쌓고 신체를 단련하고 인격을 기르면 좋겠습니다. 그렇게 하면 인생의 황금기인 60~90세의 시간에 우리가 나눌 열매가 풍성해질 것입니다. 우리가 베풀고 나누면서 늙어 간다면 정말 좋을 것 같습니다. 그렇게 할 때 우리는 늙어서도 활력적이고 건강하고 의미 있는 삶을 살 수 있을 것입니다.

화초고추에 고추 열매가 달리고 하늘로 자라오르는 모습을 보고 싶습니다. 화초고추의 열매처럼 사람이 맺는 모든 선한 열매는 하늘을 향해 열리고, 그 열매의 가치는 하늘로 상달되는 게 아닐까 하고 생각해 봅니다.

제4장

겨울

가지마다 꽃망울을 만들도록

그대 사랑이

나의 나무들에 소복소복 쌓여 왔다는 걸 알았다

 화월

보이는 게 다가 아니므로

사람처럼 식물의 변화 역시 우리의 예상을 넘어설 때가 많습니다. 사람이 무한한 잠재력을 소유하고 있는 것처럼 식물 역시 엄청난 잠재력을 소유하고 있습니다. 우리가 타인을 볼 때 현재의 모습과 함께 그들 어깨 뒤로 펼쳐진, 무한한 가능성을 함축한 미래를 보려고 노력해야 하는 것처럼, 식물을 볼 때에도 그렇게 노력해야 합니다.

우리 집 베란다 한쪽 구석을 지키고 있는 다육이 화월이가 그 사실을 저에게 일깨워 줍니다. 화월이를 볼 때마다 저는 생명의 경이로움을 느낍니다. 변화와 발전의 예측 불가능성을 느끼며 겸손해집니다.

지금은 크게 자라 나무가 된 우리 집 화월이는 십몇 년 전에는 지름이 8cm 정도 되는 화분에 들어 있는 아주 작은 다육이였습니다. 염좌라고도 불리는 이 화월은 십여 년간 우여곡절을 겪으며 자랐습니다. 다육이를 어떻게 키워야 하는지도 모르는 채 귀엽게 생겼다는 이유만으로 화월이를 사 갖고 온 저 때문에 화월이는 고생을 많이 했습니다. 물을 자주 줘 웃자라서 못생겨졌을 땐 베란다 구석으로 귀양 갔습니다. 장마철에 물러져 죽어 가다가 다른 화분으로 옮겨 가 간신히 살아나기도 했습니다. 무슨 벌레 때문인지 이파리가 울퉁불퉁해졌을 땐 이걸 굳이 키워야 하나 고민하는 저의 손을 꼭 붙듦으로써 위기를 넘기기도 했습니다.

화월이가 나무의 형태를 갖추기 시작하면서 저는 화월이를 새로운 눈으로 다시 보았습니다. 다육이는 아주 작은 식물이라고만 알고 있었는데 화월이는 저의 고정관념을 깨고 키가 크기 시작했습니다. 다른 다육이처럼 화분 밖으로 가지를 늘어뜨리지도 구부러지지도 않았습니다. 신통하게 생각하여 분갈이를 몇 번 해 주었습니다. 이파리가 너무 풍성해져서 굵은 가지가 하나 부러졌을 땐 남은 두 가지를 끈으로 묶어 주고 지지대로 받쳐 주었습니다.

몇 년 전에는 큰 화분에 다육이를 옮겨 심었습니다. 큰 화분으로 옮기자, 다육이는 팔과 다리를 쭉쭉 뻗으며 성장하더니, 이젠 작은 나무처럼 자랐습니다. 화월이는 더 이상 옛날의 화월이가 아닙니다. 키도 무척 자랐고, 몸통도 몇십 배로 굵어졌고, 가지와 이파리도 늘어났습니다. 화월이는 발전했고, 풍성해졌고, 강인해졌습니다. 넉넉해진 화월이 발밑에서는 새끼들도 자라고 있습니다.

저는 화월이를 볼 때마다 식물이든 사람이든 어떤 대상을 볼 때는 그 대상이 함축하고 있는 발전 가능성과 잠재력도 같이 봐야 한다고 생각합니다. 보이는 게 다가 아니므로 대상을 함부로 판단하거나 규

정짓지 말자고 다짐합니다. 특히 제 옆의 식물이나 사람이 성장하고 발전해 나갈 때, 환경을 조성해 주고, 위로하고, 격려하고, 지지해 줌으로써 진정한 기쁨을 느낄 수 있음을 깨닫습니다.

홀리페페

희망이 문을 열고

바람 좀 통하라고 베란다 문을 열면서 보니, 홀리페페가 많이 자랐어요. 줄기도 늘어나고 잎도 풍성해졌어요. 홀리페페를 주신 송 자매님 얼굴처럼 잎마다 빛이 나고요.

재작년 겨울에 췌장암 환자이신 송 자매님 댁에 갔었습니다. 송 자매님은 그날 열 명도 넘는 우리들을 집으로 초대하셨습니다. 전 처음에 사양했습니다. 시한부 환자이신 그분이 차려 주는 저녁을 먹을 자신이 없었습니다. 그러나 그분이 하도 간곡하게 오라고 하셔서 어쩔 수 없이 갔습니다.

반찬을 모두 직접 만드셨다고 했습니다. 붉은빛 나는 차도 만드셨다고 합니다. 황송한 마음으로 식사와 대화를 마치고 일어서는 저에게 송 자매님은 김치를 한 포기 주셨습니다. 제가 김치를 맛있게 먹는 모습을 보신 모양입니다. 감사한 마음으로 받아 들고 신을 신는데, 홀리페페가 보였습니다. 이파리들이 신발장 위에서 풍성하게 흘러내리고 있었습니다. 제가 "아, 이거 참 예쁘네요. 이파리가 너무 귀여워요." 했습니다. 자매님이 얼른 작은 줄기를 세 개 잘라서 주셨습니다.

전 길쭉한 화분에 그 작은 줄기들을 심었습니다. 아니, 심었다기보다는 흙 속에 꽂았습니다. 그러고는 햇볕 잘 드는 거실 창가에 두었습니다. 그 홀리페페를 볼 때마다 송 자매님을 생각했습니다. 그분은 췌장에 10cm도 넘는 악성 종양이 생겨 6개월 시한부 판정을 받으셨지만 2년 가까이 별일 없이 잘 지내 오셨습니다. 항암치료를 12번이나 받으실 때는 그 치료가 너무 고약해 돌아가실 뻔했습니다. 두 번째 항암치료를 받고 머리카락이 다 빠졌을 때는 베란다에 서서 하염없이 눈물을 흘리셨다고 했습니다.

홀리페페는 두 달이 다 되도록 새잎이 나오지 않았습니다. 괜히 불안했습니다. 일요일, 그 자매님을 교회에서 뵙지 못하면 마음이 어두워졌습니다. 누구한테 물어보기도 두려웠습니다. 홀리페페까지 싹이 나오지 않으니까 왠지 희망이 사라진 듯한 기분이 들었습니다.

겨울도 다 지날 무렵, 거실에서 봄볕으로 바뀐 햇볕을 쬐는데 난데없이 눈이 내렸습니다. 갈 곳 없이 날아다니는 작은 눈송이들을 보노라니 마음이 심란해졌습니다. 송 자매님처럼 착하신 분이 암으로 고생하시다니 하고 생각하는데, 핸드폰이 울렸습니다. 송 자매님이셨습니다. 기쁜 소식을 전해 주셨습니다. 암 크기가 조금 줄었다고 하셨습니다. 목이 메었습니다. 저는 아무나, 아무거나 붙잡고 막 울고 싶었습니다. 홀리페페한테도 가 보았습니다. 아, 어느새 홀리페

폐에 아주 작은 싹이 돋아나 있었습니다. 저는 눈물을 흘렸습니다. 희망이 문을 열고 고개를 내밀고 있었습니다.

얼마 전에 송 자매님은 암 제거 수술을 받으셨습니다. 우리 교회 성도들은 한마음 한뜻이 되어 그분을 위해 금식 기도를 했고, 수술은 성공적으로 끝났습니다. 그 끔찍한 종양을 떼 낸 송 자매님의 얼굴은 갈수록 빛이 납니다. 착하고 인정 많으신 그분을 볼 때마다 얼마나 행복한지 모릅니다. 우리 집 베란다에서 잘 자라고 있는 홀리 페페를 볼 때마다 송 자매님을 뵙는 것 같아 행복해집니다.

 군작

개성껏 자립하여 살도록

다육식물인 군작은 원래 똑바로 설 수 있는 식물이 아닙니다. 사방으로 달린 통통하고 길고 무거운 잎들을 줄기가 지탱하지 못하거든요. 그런데도 저는 어리석은 일을 했습니다. 군작 중 하나를 다른 화분에 옮겨 심고는 강제로 그것을 일으켜 세워 지지대에 묶어 놓았던 것입니다. 또 다른 다육식물인 화월이 오랜 세월에 걸쳐 나무처럼 자라는 것을 지켜본 저는 군작도 그렇게 만들고 싶었습니다.

처음엔, 저의 바람대로 군작의 줄기 아랫부분이 약간 목질화되었습니다. 그건 매우 고무적이었습니다. 시간이 흐르면 군작의 줄기도 화월처럼 딱딱하게 나무처럼 변할 것이었습니다. 그러나 제 기대와는 달리 군작의 줄기는 더 이상 목질화되지 않았습니다. 더군다나 처음부터 휘어져 있던 줄기는 시간이 가도 펴지지 않았습니다. 군작이 혹시나 주저앉을까 봐 저는 수시로 살펴봤습니다. 군작은 원래 성장이 느린 식물인데 화월처럼 빨리 크라고 물을 자주 주는 바람에 웃자라서 잎들의 간격이 너무 넓어졌습니다. 게다가 제 시야에 잘 들어오도록 베란다 안쪽으로 들여놓은 탓에 햇빛의 양이 부족해서인지 꽃이 피기는커녕 붉게 변하지도 않았습니다. 군작은 원래 불그스름하게 변해야 더 예쁘거든요.

오늘 저는 쓰러질 듯 위태로워 보이는 군작을 위해 지지대를 하나 더 꽂아 주어야 했습니다. 도대체 언제까지 저렇게 지지대를 받쳐 줘야 할지 알 수 없었습니다. 이제 와서 지지대를 없애면 군작은 바로 쓰러질 것입니다. 어쩌면 무거운 잎들 탓에 줄기가 부러질 것입니다.

오늘 군작에게 물을 주면서 가슴이 답답해졌습니다. 처음부터 단단히 잘못된 일을 한 것 같습니다. 어쩌다가 저답지 않은 일을 했을까요? 다른 화초들은 간섭하지 않고 내버려두면서 왜 군작에게는 이렇게 간섭하고 강요했을까요? 화월과 군작은 전혀 다른 식물인데, 왜 설 수 없는 군작에게 화월처럼 똑바로 서서 크라고 강요했을까요? 줄기 아랫부분이 약간 목질화되었다고 해서 화월처럼 줄기가 딱딱하게 굵어진다는 보장이 있는 것도 아닌데 왜 억지를 부렸을까요? 군작은 군자이고, 화월은 화월인데, 왜 군작에게 화월이가 될 것을 요구했을까요?

아이들 교육도 그런 것 같습니다. 아이들은 제각기 다른 개성과 재능을 갖고 있는데 그것을 인정해 주지 않고, 부모 멋대로 아이를 판단하거나, 아이가 될 수 있는 사람이 되도록 도와주기보다는 부모가 원하는 사람이 되어 줄 것을 아이에게 강요하는 일이 자주 일어

납니다. 아이들이 무슨 일이든 스스로 계획하고 실행하고 반성하도록, 실패할 경우, 재시도해 보거나 새로운 길을 찾도록 내버려두지 않고, 알아서 미리 도와주고, 간섭하고, 상처 입지 않도록 보호해 주고, 심지어는 자기의 생각과 방식을 따를 것을 아이에게 요구합니다. 도대체 언제까지 아이들을 붙들고 보호하고 간섭하고 아이들에게 강요할 수 있을까요?

오랫동안 고등학교 교사로 일해 온 제 경험에 비추어 보면, '헬리콥터 맘'과 '타이거 맘'의 자녀들은 대체로 나약하고 의존적입니다. 스스로 선택하거나 결정하는 능력이 부족합니다. 문제 해결 능력도 떨어집니다. 모든 걸 엄마에게 물어봐야 합니다. 스트레스가 많고, 때로는 엄마와 심한 갈등을 빚기도 합니다. 엄마는 아이가 사춘기라 그렇다고 생각하지만, 사실 아이가 사춘기라서 그런 것만은 아닙니다. 너무 억누르고 강요하니까 튕겨 나가는 겁니다.

아이들 모두가 공부를 잘할 수 있는 것도 아니고, 또 그래야 할 필요도 없습니다. 한 분야에 재능이 조금 있다고 해서 그 재능과 관련된 직업을 가져야 하는 것도 아닙니다. 제가 군작의 줄기 아랫부분이 목질화가 조금 되었다고 해서 화월처럼 크게 자랄 수 있다고 생각한 것이 잘못인 것처럼, 아이가 어릴 때 다른 아이보다 산수를 잘한다고 해서 그 아이가 유명 대학의 수학과에 들어가야 하고 뛰어난 수학자가 돼야 한다고 미리부터 생각하는 건 잘못입니다.

공부를 잘해야 좋은 대학을 갈 수 있고, 좋은 대학을 나와야 좋은 직업을 가질 수 있고, 좋은 직업을 가져야 결혼도 잘하고, 결혼을 잘해야 행복하게 살 수 있다는 건 부모의 생각일 뿐입니다.

부모 세대가 어릴 때는 직업의 종류가 지금보다 많지 않았습니다. 또 정보 부족으로 있는 직업도 다 몰랐습니다. 요즘은 직업이 수만 종이나 됩니다. 직업에 대한 정보를 얻기도 쉽습니다. 무엇보다 중요한 건, 본인이 기존의 직업이 아닌 새로운 일을 하면 바로 그 일이 새로운 직업이 된다는 것입니다. 그리고 젊은 세대들의 가치관은 부모와 다릅니다.

자식이 무조건 꽃길만을 걷기를 바라는 건 그다지 교육적이지 않다고 봅니다. 부모라면 아이가 이런저런 어려움을 겪으며 씩씩하게 자립해서 자신의 삶을 살 수 있도록 아이를 인정해 주고 존중해 주어야 합니다. 아이가 꼭두각시 인형도 아닌데 아이를 조종해서는 안 됩니다.

자식은 소유물이 아닙니다. 부모의 꿈을 부모 대신 실현해 주기 위해 이 세상에 온 것도 아닙니다. 부자가 되고 출세하기 위해서 이 지상에 온 것도 아닙니다. 자식들은 특별한 인연으로 우리에게 온 소중한 존재입니다.[14] 스스로 판단하고 선택하고 책임지면서 자신의

---

14) 바울은 사도행전 17장 26절에서, "인류의 모든 족속을 한 혈통으로 만드사 온 땅에 살게 하시고 그들의 연대를 정하시며 거주의 경계를 한정하셨으니"라고 말씀했다. 이 말씀에 따르면, 아이들이 부모에게서 태어난 때(연대를 정하심)와 장소(거주의 경계를 한정하심)는 하나님 아버지께서 정하신 것이다. 하나님은 그때까지 데리고 있던 당신의 자녀를 그렇게 지상의 부모에게 맡기신 것이다.

길을 찾도록, 자신이 원하는 일을 하면서 행복하게 살 수 있도록 도와주어야 할 것입니다.

그나저나 큰일이네요. 군작을 어찌하면 좋을까요? 도대체 언제까지 저렇게 지지대를 큰 것으로 바꿔 줘 가며 서 있게 할 수 있을까요? 이제부터는 네가 알아서 살라고 지지대를 화분에서 빼기에는 너무 늦은 것 같습니다. 이렇게 크기 전에 군작이 자기의 본성대로 살도록 해야 했다는 후회가 드는군요.

 **산세베리아**

상처

   직장 동료가 자기네 집 산세베리아에서 잎 세 개를 떼어 내 저에게 주셨습니다. 키가 큰 게 싫으면 나중에 잘라 내라고, 그러면 그 옆에서 새잎이 나올 거라고 하면서요. 그렇게 했더니 새잎이 흙 속에서 올라왔습니다만, 그 잎들 역시 키가 쑥쑥 자랐습니다. '종자가 그런가 보군, 키가 크면 음이온도 많이 방출하고 좋지.' 하고 내버려 두었습니다.

   겨울이고 해서 화분들을 찬바람 들어오는 창문에서 조금씩 떼어 놓다 보니 산세베리아 잎에 난 큰 상처가 보였습니다. 언제 저렇게 상처를 입었을까요? 산세베리아에게 무슨 일이 있었던 걸까요? 저 상처를 안고 저렇게 크도록 왜 몰랐을까요?

   산세베리아뿐만 아니라 우리도 상처를 입고 살지요. 눈에 보이지 않아서 그렇지, 저에게도 상처의 흔적이 산세베리아 잎에 가로로 줄줄이 나 있는 무늬만큼이나 많이 남아 있을 것 같습니다. 어떻게 상처를 입고 어떻게 아물었는지 굳이 생각하고 싶지 않지만, 숱한 날들을 살아오면서 저도 마음과 삶에 다양한 상처가 났을 거예요. 그 상처들이 잘 삭고 변화되어서 삶의 좋은 거름이 되길 바랄 뿐이지요. 때로는 아물지 못한 상처가 괜히 뚱딴지같이 말이나 행동으로 잘못 튀어나올까 봐 두렵습니다. 하늘도 파란 어느 날 우울한 기억의 구름으로 떠올라 눈물이라도 흘릴까 봐 두렵습니다.

인생에는 넘어질 때가 있고, 상처 입을 때가 있고, 길을 잘못 들어 헤맬 때도 있습니다. 인정사정없이 내리쬐는 햇빛을 피하지 못해 우리 삶에 기미가 끼기도 하고, 감당할 수 없는 센 바람에 넘어지면서 다리나 팔이 꺾이기도 하고, 젊음의 미로에 갇혀서 오락가락하며 멍이 들고 가시에 할퀴이기도 합니다.

상처 없는 영혼이 어디 있을까요? 다른 사람의 상처를 알게 되거나 보게 되었을 때 그것을 가십거리로 삼거나 그 쓰라린 상처에 재를 뿌리지 맙시다. 다른 사람의 상처를 감싸 주고 상처의 흔적을 굳이 들추어 내지 않는다면, 그 상처를 딛고 성장하고 발전한 현재의 모습을 대견스럽게 봐 주고 격려해 준다면 얼마나 좋을까요?

신세베리아 삽목에 대해 검색해 보았습니다. 그 잎을 잘라 무르지 않도록 말린 다음에 흙에 꽂아 주면, 뿌리가 나온다고 합니다. 저렇게 큰 상처를 보이며 살게 할 것이 아니라, 잘라서 상처의 흔적 부분은 없애 버리고 남은 부분들을 다시 흙에 꽂을까요? 아니면, 성장의 흔적으로 내버려둘까요?

 **가재발선인장**

꽃을 피우려면

가재발선인장 꽃이 피었습니다. 1년 만입니다.

아름다움이라는 추상이 어떤 형상으로 나타날 때 우리가 감탄하게 되는 건 그 모양이나 색깔, 혹은 향기 때문이지요. 가재발선인장은 향기는 없지만, 꽃 색깔과 모양이 너무 화려해서 감탄이 절로 나와요. 몇 개의 줄기가 갈라져 또 다른 줄기가 되고 잎에 잎이 이어져 풍성하게 꽃을 달고 있는 그 모습은 눈이 부십니다. 날씨가 추워지면 더 그리운 화사한 얼굴이 거기에 있어서 들여다보면 길고 섬세한 흰 꽃술과 부드럽게 뒤로 젖혀진 주황빛 꽃잎에 마음이 더욱 흔들립니다.

가재발선인장은 마디로 이어진 줄기가 가재발처럼 갈라진다고 해서 붙여진 이름이에요. 가재발선인장을 게발선인장으로 부르는 이들도 있지만, 우리 베란다의 또 다른 게발선인장과 구별하기 위해서 저는 가재발선인장이라는 이름을 고수합니다. 게발선인장은 봄 부활절 무렵에 작고 귀여운 분홍빛 꽃을 피웁니다. 가재발선인장은

11월 말에서 12월 초쯤에 크고 화려하고 수홍빛 섞인 주황색 꽃을 피웁니다.

가재발선인장은 원래 물에는 조금 까다로운데도 주말이면 베란다 화분들에 호스로 물을 뿌리는 저의 무신경함에 적응하며 살아남았어요. 그건 아마도 꽃을 피우겠다는 목표 의식과 의지 때문이었을 거예요. 공간이 비좁다 보니, 다른 식물들의 잎과 부딪히고, 어떤 땐 파키라 잎의 그늘 밑에서 햇볕도 제대로 쬐지 못했습니다. 그래도 강한 의지로 꽃을 피울 준비를 해 왔습니다. 이젠 필 때도 되었는데 왜 이렇게 더디게 피냐, 그 정도 준비했으면 꽃을 보여 줘도 되지 않냐고 아침저녁으로 들여다보는 저의 부추김이나 성화에도 아랑곳하지 않았습니다.

가재발선인장은 자기만의 꽃을 만들기 위해 인내하며 자신의 재능을 계발합니다. 꽃을 피우는 데 필요한 재료를 연구하고 준비합니다. 부화뇌동하지 않아요. 저는 가재발선인장의 뚝심 때문에 기다림의 의미를 배웠습니다.

꽃이 핀 가재발선인장을 베란다 한가운데로 옮겼습니다. 가재발선인장이 자신의 성취를 뽐낼 수 있게 도와주었어요. 지금이야말로 가재발선인장의 때입니다. 가재발선인장은 이때를 꿈꾸며 1년 동안 뜨거운 여름 햇볕을 견디고, 어둠과 추위 속에서도 꽃을 준비했습니다. 흐린 날이나 천둥과 번개가 치는 날에도 움츠러들지 않고 이때를 기다려 왔습니다.

가재발선인장의 목표 의식과 뚝심과, 때를 기다리며 인내하는 태도를 배우고 싶습니다. 모든 인생에는 기회가 옵니다. 목표 의식을 갖고 꾸준히 준비하고 소신 있게 일하며 뚝심 있게 꽃 피울 때를 기다려야겠습니다.

꽃이 지고 나면 가재발선인장을 좀 다듬어 줘야겠어요. 물도 함부로 주지 말고, 쉬도록 해야겠습니다. 내년 봄에는 좋은 흙도 얹어 줘야겠습니다. 저렇게 열심히 사는데 제가 뭐라도 좀 도와줘야지요.[15]

---

15)   나는 "하늘은 스스로 돕는 자를 돕는다."라는 속담을 좋아한다.

 산천보세

재능과 성품

산천(세상)에 새해를 알린다는 뜻의 이름을 갖고 있는 동양란 산천보세(山川報歲)가 꽃을 피웠습니다. 진한 향기가 베란다를 채웠습니다. 햇볕 좋은 정오 무렵엔 그 향기가 거실까지 들어오도록 문을 열어 둡니다.

이 동양란은 우리 집에서 가장 기품 있는 식물입니다. 15년 넘도록 보아 왔지만, 쭉 뻗은 잎의 기상은 사시사철 씩씩합니다. 물론 이젠 나이가 들어 예전 같지 않습니다. 잎의 수도 줄었어요. 그러나 음력으로 새해가 시작될 무렵이면 어김없이 꽃을 피우는 이 난은 여전히 강렬하면서도 아름다운 향기와 고상하고 강건한 기품을 지니고 있어 우리 가족의 사랑을 받고 있습니다.

산천보세의 향기를 사람의 재능에 비유해도 될까요?

뛰어난 재능을 지닌 사람들이 있습니다. 타고난 건지 노력의 결과인지 모르나 감추려야 감출 수 없는 재능을 가진 사람들이 있습니다. 그런 분들 덕분에 세상이 발전합니다. 그런 분들 덕분에 세상은 더욱더 살 만해지고 풍요로워집니다.

산천보세의 자태를 사람의 품격에 비유해도 될까요? 베란다에서 철마다 달라지는 환경의 변화에 적응하며 다른 식물들과 어울려 살면서도, 고상한 기품과 기상을 유지하고 있는 산천보세의 모습은 감동적입니다. 저 같은 사람은 흉내 내기 어려운 삶의 모습입니다. 산천보세는 특별한 영양제도 비료도 먹지 않고 물만 먹고 삽니다. 몇 년에 한 번은 난석을 바꿔 줘야 한다는 말을 듣고 난석을 바꿔 줬을 때는 고맙다는 뜻으로 꽃을 한 번 더 피운 적도 있습니다.

동양란 산천보세가 아름다운 건 품격 있는 자태와 좋은 향기가 잘 어우러지기 때문인 것 같습니다. 사람도 마찬가지입니다. 뛰어난 재능과 훌륭한 성품이 조화를 이루어야 멋있습니다. 재주나 재능은 있으되 성품이 그것을 뒷받침해 주지 못하면 보기 민망할 뿐만 아니라 오히려 해로울 수도 있습니다.

산천보세의 향기를 맡으며, 저는 새해를 반성으로 시작합니다. 작년 한 해를 돌이켜 보니 한심스러운 면이 한두 가지가 아니에요. 새해에는 재능 계발에도 힘써야겠지만, 더 의연해지자, 더 씩씩해지자, 더 나은 사람이 되자 결심해 봅니다.

 **란타나**

외모로 판단하지 않기

꽃의 색깔이 여러 가지라서 '칠변화'라는 별명을 갖고 있는 란타나는 그 이름이 라틴어 'lentara'에서 유래되었다고 합니다. 'lentara'는 '맺다', '만곡하다(활 모양으로 굽다)'라는 의미라는군요.[16] '만곡하다'라는 말의 뜻은 저도 이번에 사전을 찾아보고서야 알았습니다. 줄기가 활처럼 굽으면서 자라기 때문이 아닌가 싶네요. 우리 집 란타나는 아직 어려서 더 커야 나무의 형태를 정확히 알 수 있을 것 같습니다.

란타나는 우리 베란다에서 눈에 확 들어오는 식물입니다. 꽃 때문입니다. 꽃의 색깔이 무척 화려합니다. 주홍색, 주황색, 노란색의 아주 작은 꽃들이 모여서 하나의 떨기를 이룹니다. 꽃이 서너 개만 피어도 시선이 그쪽으로 쏠립니다. 그런가 하면 란타나는 잎과 줄기, 꽃, 열매에서 아주 강한 향이 납니다. 란타나 전체가 독성을 품고 있

---

16)　네이버 지식백과, '란타나', 『허브도감』 참고.

는 식물이라고 합니다. 급한 마음에 맨손으로 만지면 독한 냄새가 그대로 손에 배어 버립니다. 그 손으로 얼굴이나 눈을 만지면 절대 안 되겠지요.

독성이 강한 식물치고는 그 쓰임새는 괜찮아 보입니다. 『허브도감』에 따르면, 잎은 기관지 질환, 눈병 치료제나 해열제로 쓰이고, 뿌리는 복통약이나 해열제로 쓰인다고 하네요.

그래서 전 란타나가 강한 식물인 줄 알았습니다. 저렇게 지독한 냄새를 풍기는 데다 독성까지 있다고 하니, 감히 어떤 해충이 다가가겠느냐고 생각했던 거지요. 우리 베란다에 가끔 생기는 진딧물이나 깍지벌레가 란타나만큼은 가까이하지 못할 거라고 안심했어요.

그러나 날씨가 추워져서 베란다 창문을 열지 못하자 깍지벌레가 생겼습니다. 뜻밖에도 하얀 점 같은 깍지벌레가 란타나의 이파리마다 달라붙어 있었습니다. 얼마나 놀랐는지 모릅니다. 이파리들을 하나하나 씻어 주고, 약을 뿌렸습니다. 혹시나 해서 주변의 화초들한테도 약을 뿌렸습니다.

사람도 그렇습니다 저도 가끔 실수합니다만, 상대방을 외모로 판단하는 사람들이 얼마나 많은지 모릅니다. 물론 여기서 '외모'는 생김새만을 의미하지는 않습니다. 생김새, 옷, 자동차, 집, 학벌, 직업, 말, 행동, SNS에 올리는 글과 사진, 그 사람과 관련된 정보 등 겉으로 드러나는 모든 것을 의미합니다.

우리가 겉으로 드러나는 것들만 보고 잘못 판단하는 예는 한두 개가 아닐 거예요. 몇 가지만 얘기해 볼까요? 외양에서 풍기는 분위기가 도시적이고 현대적인 사람들은 정이 없고 차가울 거라고 속단합니다. 좀 외모와 언행이 시골스러워 보이는 사람들은 인정도 많고 별로 계산적이지 않을 거라고 오해합니다. 화려하고 부티 나 보이는 사람들은 궂은일은 안 할 거라고 지레짐작하죠. SNS에 행복한 이야기와 예쁜 사진을 올리는 사람들은 행복한 삶을 살고 있을 거라고 착각합니다. 가난한 사람들은 자기의 것을 이웃에게 나눠 주지 않을 거라고 예단합니다.

인생을 좀 살아 본 사람들은 절대 그렇지 않다는 걸 압니다. 외모로 사람을 판단해서는 안 된다는 제 말에 동의할 것입니다. 우리가 갖고 있는 편견이나 고정관념이나 통념이 외모에서 비롯될 때가 많다는 걸, 외모가 모든 것을 말해 주기보다는 오히려 진실을 감출 때가 더 많다는 걸 생각해서, 우리는 상대방을 외모로 속단하지 말아야 합니다.

그보다는 아예 상대방을 함부로 판단하지 않으려고 노력해야 할 것 같습니다. 우리의 지적 능력이나 지혜로는 상대방과 상대방의 상황을 다 이해할 수 없기 때문입니다. 그러나 굳이 판단해야 한다면, 상대방의 외모보다는 가치관, 인간관, 인성, 삶의 목표, 그 사람이 살아오면서 구축한 내적 세계, 생활철학 등과 같은 내적인 면을 우선시해야겠지요.

 콜레우스

나눔의 역설

   콜레우스를 처음 봤을 때, 잎 모양이 깻잎을 닮아서 신기했어요. 깻잎을 채색한 것 같았어요. 추위에 약하다고 해서 거실에서 키우는데, 볼 때마다 잎이 참 예쁩니다.

   저는 작고 연약한 콜레우스가 풍성해지길 바랐습니다. 그래서 콜레우스를 늘리기로 했습니다. 콜레우스의 동의를 얻어―믿으실지 모르겠지만, 콜레우스는 동의의 표시로 몸을 살짝 흔들었어요―저는 콜레우스 몸통 맨 밑의 아주 작은 줄기를 떼 내어 물에 꽂아 두었습니다. 일주일 만에 그 줄기에서 뿌리가 무성하게 나왔습니다. 그걸 작은 화분에 옮겨 심은 저는 콜레우스의 왼쪽, 오른쪽의 줄기들도 잘라서 물꽂이를 했습니다. 식물의 줄기를 자를 때에는 사선으로 잘라야 한다고 해서 사선으로 잘랐고요. 그것들도 곧 뿌리가 무성해져서 전 그것들을 화분에 옮겨 심었습니다. 한 개였던 콜레우스 화분은 세 개로 불어났어요. 창가의 테이블 위에는 작은 화분 세 개가 놓이게 되었어요. 그것들이 좀 자란 후에 큰 화분에 다 모아 심어

쥐도 되고, 콜레우스 화분 두 개를 친구나 이웃에게 주어도 됩니다. 어떻게 하든 콜레우스들은 풍성해질 것이고, 나눌수록 늘어난다는 것을 보여 줄 것입니다.

식물을 키워 본 사람들은 나눌수록 늘어난다는 제 말의 뜻을 쉽게 이해하실 겁니다. 개체 수를 늘리는 가장 좋은 방법은 꺾꽂이입니다. 꺾꽂이는 가지를 꺾거나 잎을 따서 흙에 심는 것을 의미합니다. 때로는 콜레우스의 경우처럼 물꽂이의 과정을 거쳐서 흙에 심기도 합니다. 식물은 그렇게 가지와 잎을 내놓음으로써 번성하게 됩니다.

성경에는 기적 이야기가 많습니다. 저는 그중에서도 '떡 다섯 개와 물고기 두 마리의 기적' 이야기를 좋아합니다. 예수님은, 하루가 저물자, 당신의 말씀을 들으려 모인 사람들을 먹이고 싶어 하셨습니다. 먹을 것을 준비하지 못했던 제자들은 난감했습니다. 그때 한 아이가 자기가 갖고 있던 떡(빵) 다섯 개와 물고기 두 마리를 내놓습니다. 예수님은 떡과 물고기를 축사하신 뒤 그것들로 그 사람들을 먹이셨습니다. 모두 배불리 먹었고, 남은 조각이 12개의 광주리에 찼습니다. 음식을 먹은 사람은 남자만 5,000명이었습니다.

이 이야기를 읽을 때마다 그 아이의 희생과 헌신과 믿음에 감동합니다. 이웃을 위해 그 아이가 기꺼이 내놓은 음식은 주님의 축복으로 수천 배로 불어났습니다. 이웃을 위해 희생한 아이 자신은 물론이고 이웃들도 배불리 먹었습니다. 남기까지 했습니다.

우리가 이웃을 위해 우리의 시간과 재능과 힘과 물질 등을 나누고 희생할 때, 주님께서는 우리를 축복하실 것입니다. 주님의 축복으로 우리의 시간과 재능과 힘과 물질 등은 더 풍성해질 것이고, 우리와 우리 이웃은 기쁨을 느끼게 될 것입니다.

겨울의 한복판에서, 한 개에서 세 개로 늘어난 콜레우스를 보며 나눔의 역설에 대해 생각해 봅니다. 나눌수록 불어나고 늘어나고 풍성해지고 행복해지는, 체험해 봐야 더 잘 이해할 수 있는 특별한 원리에 대해 생각해 봅니다.

주가 시온을 위로할 것인즉, 그가 그 모든 황폐한 곳을 위로할 것이며, 그의 광야로 에덴 같게 또 그의 사막으로 주의 정원 같게 하리니, 기쁨과 즐거움이 그 안에 있고 감사함과 노래하는 소리가 그 안에 있으리라.

– 니파이후서 8장 3절